- Dešimt rykščių -

Nepaklusnus gyvenimas ir paklusnumas

Dr. Džeirokas Li

"*Laiduoju tikrai žinąs, ką užsimojau dėl jūsų,
tai VIEŠPATIES žodis, –
dėl jūsų gerovės, o ne dėl žalos!
Noriu jums suteikti vilties sklidiną ateitį*".
(Jeremijo knyga 29:11)

Nepaklusnus gyvenimas ir paklusnumas: Dr. Džeirokas Li
Published by Urim Books (Representative: Seongnam Vin)
73, Yeouidaebang-ro 22-gil, Dong-jak gu rajone, Seulas, Korėja
www.urimbooks.com

Visos teisės saugomos. Šios knygos ar jos dalių panaudojimas bet kokia forma, saugoma paieškos sistemoje, arba perduodama bet kokia forma ir bet kokiomis priemonėmis – elektroninėmis, mechaninėmis, fotokopijų, įrašų ar kitomis – be išankstinio raštiško leidėjo sutikimo yra draudžiamas.

Visos Šventojo Rašto citatos, jeigu nenurodyta kitaip, paimtos iš tinklavietės RUBŠIO IR KAVALIAUSKO BIBLIJA, LBD ekumeninis leidimas 1999 m. © Lietuvos Biblijos draugija, 1999. © Lietuvos Vyskupų Konferencija, 1999.

Autorinės teisės © 2018 by Dr. Džeirokas Li
ISBN: 979-11-263-0520-9 03230
Vertimo autorinės teisės © 2016 Dr. Ester K. Čung. Naudojama pagal leidimą.

Urim Books išleista korėjiečių kalba 2007 m.

Pirmas leidimas 2020 m. Sausio

Redaktorė Dr. Geumsun Vin
Leidėjas Editorial Bureau of Urim Books
Spaustuvė Prione Printing Company
Daugiau informacijos: urimbook@hotmail.com

Prologas

Pilietinis karas Jungtinėse Valstijose pasiekė kulminaciją, kai 16-asis prezidentas Abraomas Linkolnas paskelbė maldos ir pasninko diena 1863 metų balandžio 30-ąją.

„Dabartinės baisios nelaimės gali būti bausmė už mūsų tėvų nuodėmes. Mes per daug didžiavomės savo sėkme ir turtu. Mes buvome tokie išdidūs, kad pamiršome melstis Dievui, kuris sukūrė mus. Turime išpažinti savo tautos nuodėmes ir nuolankiai prašyti Dievo gailestingumo ir malonės. Tai Jungtinių Amerikos Valstijų piliečių pareiga".

Paklausę savo iškilaus vadovo daugybė amerikiečių tą dieną nevalgė ir meldėsi pasninkaudami.

Linkolnas nuolankiai šaukėsi Dievo ir išgelbėjo Jungtines Amerikos Valstijas nuo subyrėjimo. Iš tiesų, kreipdamiesi į Dievą galime rasti visus savo problemų sprendimus.

Daug pamokslininkų daug šimtmečių skelbia evangeliją, bet daugybė žmonių neklauso Dievo žodžio ir sako, kad geriau tikės savimi.

Šiandien neįprasti temperatūros pokyčiai ir gaivalinės nelaimės vyksta visame pasaulyje. Net medicinai daug pasiekus, atsiranda naujų, gydymui nepasiduodančių ligų, kurios kelia mirtiną pavojų žmonėms.

Žmonija gali pasitikėti savimi ir tolti nuo Dievo, bet kai pažvelgiame į jos gyvenimą, negalime nematyti nerimo, skausmo, skurdo ir ligų.

Vieną dieną žmogus gali netekti sveikatos. Žmonės kartais netenka savo brangių šeimos narių arba turto nelaimingų atsitikimų metu. Kiti patiria didžiulių sunkumų versle ar darbe.

Kartais jie klausia: „Kodėl nelaimės persekioja mane?" Tačiau jie nežino išeities. Daug tikinčiųjų kenčia sunkumus bei išbandymus ir nežino išeities.

Tačiau viskas turi priežastį. Visos problemos ir sunkumai taip pat turi priežastis.

Dešimt rykščių, ištikusių Egiptą ir Išėjimo aukos apeigos, aprašytos Išėjimo knygoje, yra raktas į visų problemų, su kuriomis žmonija šiandien susiduria šioje žemėje, sprendimą.

Egiptas dvasiškai reiškia pasaulį, ir net šiandien visi pasaulio gyventojai turi išmokti dešimties Egipto rykščių pamoką, bet nedaug žmonių supranta Dievo valią, slypinčią dešimtyje rykščių.

Biblijoje nėra parašyta „dešimt rykščių", todėl kai kas sako, kad yra vienuolika ar net dvylika rykščių.

Vienuolikos rykščių šalininkai įtraukia Aarono lazdos pavertimą gyvate, bet tai nepadarė jokios žalos, todėl nelabai logiška priskirti šį atvejį prie Dievo rykščių.

Tačiau dykumų gyvatė labai nuodinga, jos įkandimas žmogui

mirtinas, ir daugelis labai išsigąsta, pamatę gyvatę. Todėl kai kas laiko šį atvejį viena iš rykščių.

Dvylikos rykščių šalininkai įtraukia ne tik lazdos pavertimą gyvate, bet ir Egipto kareivių žūtį Raudonojoje jūroje, tačiau svarbiausią reikšmę turi ne rykščių skaičius, bet jų dvasinė prasmė ir Dievo apvaizda, slypinti jose.

Šioje knygoje sugretinti faraono, kuris nepakluso Dievo žodžiui, ir paklusniai Dievui gyvenusio Mozės gyvenimai. Taip pat joje parašiau apie mylintį Dievą, kuris su beribiu gailestingumu rodo mums išganymo kelią per Išėjimo aukos apeigas, apipjaustymo įstatymą ir Neraugintos duonos šventės prasmę.

Faraonas tapo Dievo galybės liudininku, bet vis tiek nepakluso Jam ir susidūrė su nepataisomomis pasekmėmis, bet izraelitai išvengė visų nelaimių, nes pakluso Dievui.

Dievas papasakojo apie Dešimt rykščių, kad suprastume,

kodėl sunkumai ir išbandymai užklumpa mus, ir išsprendę visas gyvenimo problemas, nebeturėtume jokių bėdų.

Be to, išvardindamas palaiminimus, skirtus paklusniesiems, Jis nori, kad įsikurtume dangaus karalystėje, būdami Jo vaikais.

Skaitantieji šią knygą atras gyvenimo problemų sprendimo raktus ir pajus dvasios atgaivą kaip lietų po ilgos sausros, pasukę atsakymų į maldas ir palaiminimų kelių.

Dėkoju Geumsun Vin, redaktorių biuro direktorei, ir visiems darbuotojams, padėjusiems išleisti šią knygą. Meldžiu Viešpaties Jėzaus Kristaus vardu, kad visi šios knygos skaitytojai gyventų, paklusdami Dievui, ir būtų apipilti nuostabiais Jo palaiminimais bei meile.

2007 metų liepa

Jaerock Lee

Turinys

Prologas

Apie nepaklusnų gyvenimą · **1**

1 skyrius
Dešimt Egiptui skirtų rykščių · **3**

2 skyrius
Nepaklusnus gyvenimas ir rykštės · **17**

3 skyrius
Kraujo, varlių ir uodų rykštės · **27**

4 skyrius
Musių, galvijų maro ir vočių rykštės · **43**

5 skyrius
Krušos ir skėrių rykštės · **57**

6 skyrius
Tamsos ir pirmagimių mirties rykštės · **69**

Apie paklusnumą · **81**

7 skyrius
Praėjimo auka ir išganymo kelias · **83**

8 skyrius
Apipjaustymas ir Šventoji Komunija · **97**

9 skyrius
Išėjimas ir Neraugintos duonos šventė · **113**

10 skyrius
Paklusnumas ir palaiminimai · **125**

Apie nepaklusnų gyvenimą

Bet jei neklausysi VIEŠPATIES,
savo Dievo, balso ir ištikimai nevykdysi
visų jo įsakymų ir įstatų,
kuriuos tau šiandien duodu,
tave pasieks ir užlies visi šie prakeikimai:
Prakeiktas būsi mieste,
prakeiktas būsi kaime!
Prakeikta bus tavo pintinė ir tavo duoninė!
Prakeiktas bus tavo įsčių vaisius,
tavo žemės derlius
 ir tavo gyvulių vaisius,
bandos ir kaimenės prieauglis.
Prakeiktas būsi pareidamas,
prakeiktas būsi išeidamas!
(Pakartoto Įstatymo knyga 28, 15-19).

1 skyrius

Dešimt Egiptui skirtų rykščių

Išėjimo knyga 7, 1-7

VIEŠPATS atsakė Mozei: „Žiūrėk, padariau tave tarsi Dievu faraonui, o tavo brolis Aaronas bus tavo pranašas. Tu pakartosi visa, ką tau įsakau, o tavo brolis Aaronas lieps faraonui leisti izraelitams išeiti iš jo krašto. Bet aš sukietinsiu faraono širdį ir padauginsiu savo ženklus ir nuostabius darbus Egipto žemėje. Kai faraonas tavęs neklausys, aš uždėsiu savo ranką ant Egipto ir teismo rykštėmis išvesiu savo tautą, izraelitus, iš Egipto žemės gretą po gretos. Egiptiečiai žinos, kad aš esu VIEŠPATS, kai ištiesiu ranką virš Egipto ir išvesiu iš jo izraelitus". Taip Mozė su Aaronu ir padarė. Jie padarė, kaip VIEŠPATS buvo įsakęs. Mozė buvo aštuoniasdešimtmetis, o Aaronas aštuoniasdešimt trejų metų, kai juodu kalbėjosi su faraonu.

Kiekvienas turi teisę būti laimingas, bet iš tiesų nedaug žmonių jaučiasi laimingi. Dabartiniame pasaulyje, pilname įvairiausių nelaimių, ligų ir nusikaltimų, labai sunku garantuoti kam nors laimę.

Tačiau kai kas labiau už viską trokšta, kad mes patirtume laimę. Tai mūsų Tėvas Dievas, kuris sukūrė mus. Dauguma tėvų nuoširdžiai ir besąlygiškai trokšta duoti viską savo vaikų laimei. Mūsų Dievas myli ir nori palaiminti mus daug labiau negu labiausiai mylintys tėvai.

Ar gali Dievas norėti, kad Jo vaikai kentėtų sielvartą ir nelaimes? Nieko negali būti svetimesnio Dievo norui.

Jeigu mes suvokiame Dešimties rykščių, siųstų Egiptui, dvasinę prasmę ir jose slypinčią Dievo apvaizdą, suprantame, kad tai taip pat buvo Jo meilė. Be to, mes sužinome, kaip išvengti nelaimių. Tačiau net bėdai ištikus, Dievas parodo išeitį, ir mes toliau einame palaiminimų keliu.

Daug žmonių, susidūrę su sunkumais, netiki Dievu, bet vis tiek priekaištauja Jam. Net kai kurie tikintieji nesupranta Dievo širdies, patekę į sunkumus. Jie netenka drąsos ir puola į neviltį.

Jobas buvo turtingiausias žmogus Rytuose. Kai nelaimės užgriuvo Jobą, iš pradžių jis nesuprato Dievo valios ir manė, kad bėdos galėjo jį užklupti (Jobo knyga 2, 10). Jis sakė, kad jei gavo palaiminimų iš Dievo, gali gauti ir blogo, nes klaidingai manė, kad Dievas laimina ir baudžia be priežasties.

Dievo širdis niekada nenori, kad mums atsitiktų kas nors baisaus, ir visada linki mums ramybės. Prieš analizuodami Dešimt rykščių, ištikusių Egiptą, aptarkime tų laikų situaciją ir aplinkybes.

Izraelio tautos kilmė

Izraelis yra Dievo išrinktoji tauta. Jos istorijoje aiškiai regime Dievo apvaizdą ir valią. Izraelio vardas buvo duotas Jokūbui, Abraomo anūkui. Izraelis reiškia *„ėmeisi su Dievu bei žmonėmis ir nugalėjai"* (Pradžios knyga 32, 29).

Izaokas buvo Abraomo sūnus ir turėjo du sūnus dvynius, Ezavą ir Jokūbą. Jiems gimstant, Jokūbas laikė sugriebęs savo brolį Ezavą už kulno. Jokūbas norėjo paveržti pirmagimio teisę iš savo vyresniojo brolio Ezavo.

Štai kodėl Jokūbas vėliau nusipirko pirmagimio teisę iš Ezavo už gabalėlį duonos ir dubenį lęšių sriubos. Jokūbas apgavo ir savo tėvą Izaoką, kad gautų pirmajam sūnui Ezavui skirtą palaiminimą.

Šiandien papročiai labai pasikeitę, žmonės palieka palikimą ne tik savo sūnums, bet ir dukterims. Tačiau praeityje pirmasis sūnus paprastai paveldėdavo visą savo tėvų palikimą. Izraelyje taip pat pirmojo sūnaus palaiminimas buvo labai brangus.

Biblija sako, kad Jokūbas apgaule gavo pirmagimio

palaiminimą, bet labai troško Dievo palaiminimų. Kol galiausiai sulaukė palaiminimų, jis turėjo ištverti daug įvairių sunkumų. Jam teko bėgti nuo savo brolio. Jokūbas dvidešimt metų tarnavo savo dėdei Labanui, kuris dažnai apgaudavo jį ir sukčiavo.

Kai Jokūbas grįžo į gimtinę, jo gyvybei grėsė pavojus, nes jo brolis vis dar pyko ant jo. Jokūbas turėjo ištverti šiuos sunkumus, nes buvo suktos prigimties ir visada siekė savo pranašumo bei naudos.

Tačiau jis bijojo Dievo labiau negu žmonių, todėl palaužė savo ego ir savanaudišką prigimtį per šiuos ilgus ir sunkius išbandymus. Galiausiai jis buvo Dievo palaimintas, ir Izraelio tauta kilo per jo dvylika sūnų.

Išėjimo priešistorė ir Mozės gimimas

Kodėl izraelitai buvo vergai Egipte?

Jokūbas, Izraelio tėvas, turėjo numylėtinį, savo vienuoliktąjį sūnų Juozapą, gimusį iš Rachelės, mylimosios Jokūbo žmonos. Tai sukėlė pavydą Juozapo broliams, kurie galiausiai pardavė jį į vergiją Egipte.

Juozapas bijojo Dievo ir dorai elgėsi. Jis visur ėjo su Dievu ir vos po trylikos metų nuo jo pardavimo į Egiptą tapo antru po karaliaus valdovu visose Egipto žemėse.

Didžiulė sausra ištiko Artimuosius Rytus, ir Juozapui padedant, Jokūbas su savo šeima persikėlė į Egiptą. Egiptas buvo apsaugotas nuo sausros padarinių per Juozapo išmintį, todėl faraonas ir egiptiečiai elgėsi su jo šeima nepaprastai gerai ir atidavė jiems Gošeno žemę.

Po daugelio kartų izraelitų skaičius labai išaugo. Egiptiečiai pajuto grėsmę. Keli šimtai metų praėjo nuo Juozapo mirties, ir egiptiečiai jau buvo pamiršę jo nuopelnus.

Galų gale egiptiečiai ėmė engti izraelitus ir pavertė vergais. Žydai buvo verčiami dirbti sunkiausius darbus.

Be to, norėdamas sustabdyti izraelitų skaičiaus augimą, faraonas įsakė hebrajų pribuvėjoms nužudyti visus naujagimius berniukus.

Mozė, Išėjimo vadovas, gimė šiais tamsiais laikais.

Jo motina matė, kad jis labai gražus, ir slėpė jį tris mėnesius. Atėjo laikas, kai buvo nebeįmanoma jo paslėpti, todėl ji paguldė jį į pintinę ir padėjo tarp nendrių Nilo pakrantėje.

Tuo metu Egipto princesė atėjo prie Nilo maudytis. Ji pamatė pintinę ir panoro pasilikti kūdikį. Mozės sesuo viską matė ir greitai pasiūlė žindyve Jochebedą, tikrąją Mozės motiną. Taip Mozė buvo užaugintas savo motinos.

Žinoma, jis sužinojo iš mamos apie Abraomo, Izaoko ir Jokūbo Dievą ir izraelitus.

Augdamas faraono rūmuose, Mozė įgijo daug žinių, reikalingų būsimam vadovui. Tuo pat metu jis sužinojo apie savo tautą ir Dievą. Jo meilė Dievui ir savo tautai taip pat augo.

Dievas išsirinko Mozę Išėjimo vadu, ir šis nuo mažens mokėsi vadovauti ir valdyti.

Mozė ir faraonas

Vieną dieną Mozės gyvenime įvyko lūžis. Jis visada užjautė savo tautą, hebrajus, kurie vergiškai triūsė ir kentėjo engimą. Vieną kartą jis pamatė egiptietį, mušantį hebrają, nesuvaldė pykčio ir užmušė tautiečio skriaudėją. Faraonas sužinojo apie tai, ir Mozė turėjo bėgti nuo jo.

Mozė praleido kitus keturiasdešimt metų, ganydamas avis Midjano dykumoje. Taip Dievo apvaizda ruošė jį būti Išėjimo vadovu. Mozė, ganydamas savo uošvio avis dykumoje 40 metų, visiškai atsikratė Egipto princo išdidumo ir tapo labai nuolankiu žmogumi.

Tik po visų šių įvykių Dievas pašaukė jį būti Išėjimo vadu.

Bet Mozė atsakė Dievui: „Kas aš toks, kad galėčiau eiti pas faraoną ir net išvesčiau izraelitus iš Egipto?"
(Išėjimo knyga 3, 11).

Mozė buvo avių piemuo keturiasdešimt metų, todėl neturėjo didelio pasitikėjimo savimi. Dievas matė jo širdį ir parodė jam daug ženklų, pavyzdžiui, pavertė lazdą gyvate, liepė eiti pas faraoną ir perduoti Dievo įsakymą.

Mozė visiškai nusižemino ir buvo pasiruošęs paklusti Dievo įsakymui. Tačiau faraonas, skirtingai nuo Mozės, buvo labai užsispyręs ir kietos širdies žmogus.

Kietos širdies žmogus nesikeičia, net pamatęs daug Dievo darbų. Gerai žinomame Jėzaus palyginime Evangelijoje pagal Matą 13, 18-23 kieta širdis vadinama „žeme prie kelio". Pakelės žemė labai kieta, nes žmonės ja vaikšto. Turintieji tokią širdį visai nesikeičia, net pamatę Dievo darbus.

Tais laikais egiptiečiai garsėjo labai tvirtu ir drąsiu charakteriu, jie buvo kaip liūtai. Jų valdovas faraonas turėjo absoliučią valdžią ir laikė save dievu. Žmonės tarnavo jam kaip dievui.

Mozė kalbėjo apie Dievą šioje kultūroje gyvenantiems žmonėms. Jie nieko nežinojo apie Mozės skelbiamą Dievą, kuris įsakė faraonui išleisti izraelitus. Akivaizdu, kad jiems buvo sunku klausyti Mozės.

Jie džiaugėsi didele nauda iš izraelitų darbo, todėl jiems buvo ypač sunku priimti šią netikėtą žinią.

Ir šiandien daug žmonių pasikliauja tik savo žiniomis, šlove, valdžia ir turtu. Ji ieško tik savo naudos ir pasitiki tik savo gebėjimais. Jie išpuikę ir kietaširdžiai.

Faraono ir egiptiečių širdys buvo sukietintos. Todėl jie nepakluso Dievo valiai, perduotai Mozės. Jie nepakluso iki galo ir galiausiai buvo atiduoti mirčiai.

Nors faraono širdis buvo sukietinta, iš pradžių Dievas nesiuntė didelių nelaimių.

Parašyta: *"Atlaidus ir gailestingas VIEŠPATS, lėtas pykti ir pilnas gerumo"* (Psalmynas 145, 8). Dievas daug kartų rodė jiems savo galybę per Mozę, norėdamas, kad jie pripažintų Jį ir paklustų Jam, bet faraonas dar labiau sukietino savo širdį.

Dievas, kuris mato kiekvieno žmogaus širdį ir mintis, pasakė Mozei viską, ką ketina padaryti.

Bet aš sukietinsiu faraono širdį ir padauginsiu savo ženklus ir nuostabius darbus Egipto žemėje. Kai faraonas tavęs neklausys, aš uždėsiu savo ranką ant Egipto ir teismo rykštėmis išvesiu savo tautą, izraelitus, iš Egipto žemės gretą po gretos. Egiptiečiai žinos, kad aš esu VIEŠPATS, kai ištiesiu ranką virš Egipto ir išvesiu iš jo izraelitus (Išėjimo knyga 7, 3-5).

Faraono sukietinta širdis ir Dešimt rykščių

Skaitydami Išėjimo knygą, daug kartų randame žodžius: *"VIEŠPATS sukietino faraono širdį"* (Išėjimo knyga 7, 3).

Suprantant paraidžiui atrodo, kad Dievas specialiai sukietino faraono širdį, ir galima klaidingai pagalvoti, kad Dievas yra diktatorius. Tačiau tai netiesa.

Dievas nori, kad visi būtų išganyti (Pirmas laiškas Timotiejui 2, 4). Jis trokšta, kad net kiečiausios širdies žmogus suvoktų tiesą ir pasiektų išganymą.

Dievas yra meilė; Jis niekada specialiai nesukietintų faraono širdies, kad apreikštų savo šlovę. Dievas daug kartų siuntė Mozę pas faraoną, ir tai leidžia suprasti, jog Dievas trokšta, kad faraonas ir kiekvienas žmogus pakeistų savo širdį ir paklustų Jam.

Dievas viską daro tvarkingai, su meile ir teisingumu, pagal Biblijoje paskelbtą žodį.

Jeigu darome pikta ir neklausome Dievo žodžio, priešas velnias kaltina mus. Todėl patiriame sunkumų ir išbandymų. Kas paklūsta Dievo žodžiui ir gyvena teisume, būna palaiminti.

Žmonės laisva valia renkasi savo veiksmus. Dievas nepaskiria, kas gaus palaiminimus ir kas negaus. Jeigu Dievas nebūtų mylintis ir teisingas, būtų galėjęs iš karto ištikti Egiptą baisia nelaime ir priversti faraoną paklusti.

Dievui nereikia „priverstinio paklusnumo" iš baimės. Jis nori, kad žmonės atvertų savo širdį ir laisva valia paklustų Jam.

Pirma, Jis praneša mums savo valią ir parodo savo galybę, kad paklustume. Kai nepaklūstame, Jis leidžia nedidelėms bėdoms mus ištikti, kad įgytume supratimo ir atrastume save.

Visagalis Dievas pažįsta žmonių širdis; Jis žino, kada nedorybės atsiskleidžia, ir kaip mums jas atmesti bei išspręsti savo problemas.

Ir šiandien Jis veda mus pačiu geriausiu keliu ir naudoja geriausius ugdymo būdus, kad taptume šventais Dievo vaikais.

Laikas nuo laiko Jis leidžia mums patirti sunkumus ir išbandymus, kad juos įveiktume. Jie padeda mums atrasti nedorybes savyje ir atmesti jas. Kai mūsų sielai sekasi, Jis leidžia, kad viskas mums sektųsi ir suteikia gerą sveikatą.

Tačiau faraonas neatmetė savo nedorybių, kai jos buvo atidengtos. Jis sukietino savo širdį ir toliau nepakluso Dievo žodžiui. Pažinodamas faraono širdį Dievas leido jo širdies kietumui būti atidengtam per rykštes. Todėl Biblijoje parašyta: „VIEŠPATS sukietino faraono širdį".

„Kieta širdis" paprastai reiškia aikštingą ir užsispyrusį žmogaus būdą. Tačiau Biblijoje aprašyta sukietinta faraono širdis reiškia ne tik nedorą nepaklusnumą Dievo žodžiui, bet ir sukilimą prieš Dievą.

Kaip minėjau, faraonas gyveno labai savanaudiškai, net laikė save dievu. Visi žmonės pakluso jam, jis nieko nebijojo. Jei būtų turėjęs gerą širdį, jis būtų įtikėjęs į Dievą, matydamas Jo galingus darbus, daromus per Mozę, nors jis ir buvo nieko nežinojęs apie gyvąjį Dievą.

Pavyzdžiui, Nebukadnecaras, Babilono valdovas, gyvenęs nuo 605 iki 562 metų prieš Kristų, nežinojo apie Dievą, bet išvydęs Dievo galybę, parodytą per tris Danieliaus draugus – Šadrachą, Mešachą ir Abed Negą – pripažino Dievą.

Nebukadnecaras pareiškė: „Tebūna pašlovintas Šadracho, Mešacho ir Abed Nego Dievas! Jis atsiuntė savo angelą ir išgelbėjo savo tarnus, kurie juo pasitikėjo! Jie nepakluso karaliaus įsakui ir sutiko verčiau atiduoti savo kūnus, negu kokiam kitam dievui tarnauti ir jį garbinti, išskyrus jų pačių Dievą. Todėl įsakau visų kalbų tautoms ir gentims: kas tik nepagarbiai kalbės apie Šadracho, Mešacho ir Abed Nego Dievą, tas bus sudraskytas į gabalėlius ir jo namai bus išgriauti, nes nėra jokio kito Dievo, kuris galėtų taip išgelbėti" (Danieliaus knyga 3, 28-29).

Šadrachas, Mešachas ir Abed Negas pateko į pagonių nelaisvę, būdami jauno amžiaus. Tačiau paklusdami Dievo įsakymams jie nenusilenkė prieš stabą. Jie buvo įmesti į degančią krosnį. Tačiau jie nenukentėjo, net jų galvos plaukai nenusvilo. Tai išvydęs Nebukadnecaras iš karto pripažino gyvąjį Dievą.

Jis ne tik pripažino visagalį Dievą, tapęs antgamtiško Dievo darbo liudininku, bet ir pagarbino Jį prieš visus žmones.

Tačiau faraonas nepripažino Dievo, net pamatęs Jo galingus darbus. Jis net dar labiau sukietino savo širdį. Tik po to, kai nukentėjo ne nuo vienos ar dviejų, bet nuo visų dešimties Dievo rykščių, jis leido izraelitams išeiti.

Jo sukietinta širdis vis tiek iš esmės nepasikeitė, todėl jis gailėjosi išleidęs izraelitus. Faraonas su savo kariuomenę puolė juos vytis ir galiausiai nuskendo Raudonojoje jūroje.

Izraelitai buvo Dievo saugomi

Kai visa Egipto šalis kentėjo nuo Dešimties rykščių, nė viena iš jų nepalietė izraelitų, nors jie gyveno tame pačiame Egipte. Dievas suteikė ypatingą apsaugą Gošeno žemei, kurioje izraelitai gyveno.

Jeigu Dievas saugo mus, galime būti saugūs net didžiulėse negandose ir bėdose. Net susirgus ir patekus į sunkumus, Dievo galybė gali mus išgydyti ir padėti įveikti negandas.

Izraelitai buvo apsaugoti ne todėl, kad turėjo tikėjimą ir buvo teisūs. Juos apsaugojo faktas, kad jie buvo Dievo išrinktoji tauta. Skirtingai nuo egiptiečių, jie šaukėsi Dievo savo kančiose ir pripažino Jį, todėl buvo Jo apsaugoti.

Lygiai taip pat ir mes, net jei dar mums nepavyko atsikratyti visų pikto formų, vien faktas, kad tapome Dievo vaikais, gali apsaugoti mus nuo nelaimių, kurios ištinka netikinčius į Dievą žmones.

Mūsų nuodėmės atleistos per Jėzaus Kristaus kraują, pralietą už mus, mes tapome Dievo vaikais ir nebepriklausome velniui, kuris atneša mums išbandymus ir nelaimes.

Be to, kai mūsų tikėjimas auga, mes švenčiame Viešpaties dieną, atmetame pikta ir paklūstame Dievo žodžiui, Dievas apipila mus savo meile ir palaiminimais.

O dabar, Izraeli, ko gi reikalauja iš tavęs VIEŠPATS, tavo Dievas? Vien pagarbiai bijoti

VIEŠPATIES, savo Dievo, eiti visais jo keliais, mylėti jį, tarnauti VIEŠPAČIUI, savo Dievui, visa savo širdimi ir visa siela ir laikytis visų VIEŠPATIES, tavo Dievo, įsakymų bei įstatų, kuriuos įsakau tau šiandien tavo paties labui (Pakartoto Įstatymo knyga 10, 12-13).

2 skyrius

Nepaklusnus gyvenimas ir rykštės

Išėjimo knyga 7, 8-13

VIEŠPATS tarė Mozei ir Aaronui: „Kai faraonas, kalbėdamasis su jumis, pareikalaus: ,Padarykite stebuklą', tada sakyk Aaronui: ,Imk savo lazdą ir mesk ją žemėn priešais faraoną!' Ji pavirs šliužu". Taigi Mozė ir Aaronas nuėjo pas faraoną ir padarė, kaip VIEŠPATS buvo įsakęs. Aaronas metė savo lazdą žemėn priešais faraoną ir jo pareigūnus, ir ji pavirto šliužu. Faraonas taip pat sušaukė išminčius bei burtininkus, ir jie, Egipto kerėtojai, padarė tą pat savo kerais. Kiekvienas jų metė žemėn lazdą, ir jos pavirto šliužais, bet Aarono lazda prarijo jų lazdas. Tačiau faraono širdis buvo užkietėjusi, ir jis neklausė jų, kaip VIEŠPATS buvo sakęs.

Karlas Marksas atsisakė Dievo. Jis sukūrė komunizmo teoriją, remdamasis materializmu. Jo teorija paskatino daugybę žmonių palikti Dievą. Atrodė, kad visas pasaulis pasuks komunizmo keliu. Tačiau komunizmas sužlugo per 100 metų.

Komunizmas žlugo, Marksas vargingai gyveno, kentėjo nuo neurastenijos, jo vaikai anksti mirė.

Fridrichas Nyčė, pasakęs: „Dievas mirė", sukurstė daug žmonių prieš Dievą, bet greitai išprotėjo ir tragiškai mirė.

Matome, kad tie, kas sukyla prieš Dievą ir nepaklūsta Jo žodžiui, kenčia nuo sunkumų, kurie yra kaip rykštės, ir gyvena labai nelaimingai.

Skirtumai tarp rykščių, sunkumų, išbandymų ir sielvartų

Visi, tikintys ir netikintys, patiria gyvenimo problemų, nes visi dalyvaujame Dievo apvaizdos numatytame žmonijos ugdyme, kad taptume ištikimais Dievo vaikais.

Dievas davė mums tik gerus dalykus, bet kai nuodėmė užkrėtė žmoniją per Adomo nepaklusnumą, šis pasaulis buvo užvaldytas priešo velnio ir šėtono. Nuo to laiko žmonės kenčia įvairius sunkumus ir širdgėlą.

Pasiduodami neapykantai, pykčiui, godumui, puikybei ir gašlumui žmonės nusideda. Pagal nuodėmių sunkumą jie kenčia įvairius sunkumus ir išbandymus, kuriuos atneša priešas velnias ir šėtonas.

Patekę į didelius sunkumus, žmones sako ,kad tai nelaimė. Tikintieji sunkumus dažnai vadina sielvartais ar išbandymais'.

Biblija taip pat sako: *"Ir ne vien tuo. Mes taip pat didžiuojamės sielvartais, žinodami, kad sielvartas gimdo ištvermę, ištvermė – išmėgintą dorybę, išmėginta dorybė – viltį"* (Laiškas romiečiams 5, 3-4).

Pagal tai, ar žmonės gyvena tiesoje, ir pagal kiekvieno turimą tikėjimo saiką, jie pariria nelaimių arba rykščių, išbandymų arba sielvartų.

Pavyzdžiui, kai žmogus turi tikėjimą, bet nesielgia pagal žodį, Dievas negali apsaugoti jo nuo daugybės sunkumų. Tai galima pavadinti „sielvartu". Tačiau jeigu jis apleis tikėjimą ir elgsis netiesoje, jis kentės nuo rykščių arba nelaimių.

Taip pat tarkime, kad žmogus klauso žodžio ir bando jį vykdyti, bet gyvena dar ne visai pagal Dievo žodį. Tuomet jis turi kovoti su savo nuodėminga prigimtimi. Kai žmogus susiduria su įvairiais sunkumais, kuriuose turi iki kraujo grumtis su savo nuodėmėmis, Biblija sako, kad jis kenčia sunkumus arba yra auklėjamas.

„Išbandymas" yra patikrinimas, kiek užaugo žmogaus tikėjimas. Kas stengiasi gyventi pagal Dievo žodį, turi patirti sunkumų ir išbandymų. Palikęs tiesą ir įrūstinęs Dievą žmogus susilauks „sielvarto" arba „rykštės".

Rykščių priežastys

Kai žmogus tyčia daro nuodėmes, Dievas turi nusisukti nuo jo. Tuomet priešas velnias ir šėtonas gali atnešti jam rykščių. Rykštės priklauso nuo nepaklusnumo Dievo žodžiui masto.

Jeigu žmogus nesugrįžta ir toliau nuodėmiauja, net gavęs rykščių, jis kentės nuo baisesnių rykščių, kaip buvo dešimties Egipto rykščių atveju. Tačiau jeigu jis atgailaus ir sugrįš, Dievo malonė gretai patrauks rykštes.

Žmonės kenčia nuo rykščių dėl savo nedorybių, bet visus šiuos kenčiančiuosius galima suskirstyti į dvi grupes.

Viena grupė ateina pas Dievą, stengiasi atgailauti ir atsiversti, kęsdama rykštes. Kita grupė skundžiasi Dievu ir sako: „Aš uoliai lankau bažnyčią, meldžiuosi ir aukoju, kodėl turiu kentėti nuo šios rykštės?"

Rezultatai būna visiškai priešingi. Pirmuoju atveju Dievas patraukia rykštę ir išlieja malonę, bet antra grupė nesupranta problemos, todėl susilaukia baisesnių rykščių.

Juo daugiau nedorybių žmogaus širdyje, tuo sunkiau jam pripažinti savo kaltę ir atsiversti. Tokio žmogaus širdis taip sukietinta, kad jis neatveria jos durų, net išgirdęs evangeliją. Net jeigu įtiki, jis nesupranta Dievo žodžio, tiesiog lanko bažnyčią, bet pats nesikeičia.

Jeigu jūs kenčiate nuo rykštės, supraskite, kad elgėtės netinkamai Dievo akyse, atsiverskite ir priimkite Jo malonę.

Dievo duotos galimybės

Faraonas atmetė Dievo žodį, perduotą per Mozę. Jis nepersigalvojo, pirmosioms rykštėms ištikus, todėl turėjo kentėti baisesnes rykštes. Kai jis toliau darė pikta, nepaklusdamas Dievui, visa jo šalis išseko. Galiausiai jis tragiškai mirė. Koks kvailas jis buvo!

> *Po to Mozė ir Aaronas nuėjo pas faraoną ir tarė jam: „Taip kalbėjo VIEŠPATS, Izraelio Dievas: ‚Leisk mano tautai eiti atšvęsti mano iškilmę dykumoje'"* (Išėjimo knyga 5, 1).

Kai Mozė paprašė Faraono išleisti izraelitus pagal Dievo žodį, faraonas tučtuojau atsisakė.

> *Bet faraonas atsakė: „Kas gi tas VIEŠPATS, kad aš turėčiau jam paklusti ir leisti Izraeliui eiti? Nei aš pažįstu tą VIEŠPATĮ, nei leisiu Izraeliui eiti!"* (Išėjimo knyga 5, 2).

> *Mums apsireiškė hebrajų Dievas. Prašom leisti mums nueiti į dykumą trijų dienų kelią ir ten atnašauti auką VIEŠPAČIUI, mūsų Dievui, kad kartais jis neištiktų mūsų maru ar kalaviju* (Išėjimo knyga 5, 3).

Kai faraonas išgirdo žodį iš Mozės ir Aarono, jis be pagrindo apkaltino Izraelio tautą tingumu ir neatsakingu darbu. Jis prislėgė izraelitus dar sunkesniu darbu. Anksčiau izraelitams duodavo šiaudų plytų gamybai, bet dabar jie turėjo pagaminti tą patį plytų skaičių, negaudami šiaudų. Jiems buvo sunku pagaminti tiek plytų, net gaunat šiaudų, bet dabar faraonas jų nebedavė. Faraono širdis buvo labai kieta.

Kai sunkus darbas dar pasunkėjo, izraelitai ėmė skųstis Mozei. Dievas vėl pasiuntė Mozę pas faraoną rodyti ženklus. Dievas davė faraonui, nepaklūstančiam Jo žodžiui, galimybę atgailauti, rodydamas savo galybę.

Taigi Mozė ir Aaronas nuėjo pas faraoną ir padarė, kaip VIEŠPATS buvo įsakęs. Aaronas metė savo lazdą žemėn priešais faraoną ir jo pareigūnus, ir ji pavirto šliužu (Išėjimo knyga 7, 10).

Dievas per Mozę pavertė lazdą gyvate, liudydamas gyvąjį Dievą, kurio faraonas nepažinojo.

Gyvatė dvasiškai reiškia šėtoną, ir kodėl Dievas pavertė lazdą gyvate?

Žemė, ant kurios Mozė stovėjo, ir lazda priklausė šiam pasauliui. Šis pasaulis priklauso priešui velniui ir šėtonui. Dievas pavertė lazdą gyvate, simbolizuodamas faktą, kad tie, kas nėra teisūs Dievo akyse, susilaukia šėtono darbų.

Faraonas sukilo prieš Dievą, todėl Jis negalėjo jo laiminti. Štai kodėl Dievas pavertė lazdą gyvate, šėtono simboliu. Tai buvo ženklas, kad vyks šėtono darbai. Tolesnės rykštės – kraujas, varlės ir uodai – buvo šėtono darbai.

Lazdos pavertimas gyvate reiškia nedidelius nemalonumus, kuriuos pajunta ir supranta jautrus žmogus. Tai gali atrodyti kaip atsitiktinumas. Šiame etape nepatiriame žalos. Tai Dievo duota galimybė atgailauti.

Faraonas sušaukia Egipto kerėtojus

Pamatęs Aarono lazdos virtimą gyvate, faraonas sušaukė Egipto išminčius ir burtininkus.

Burtininkai rūmuose rodydavo fokusus karaliaus pramogai. Jie užimdavo aukštus valstybinius postus per burtus. Jie turėdavo ypatingas galias, paveldėtas iš protėvių.

Net šiandien kai kurie burtininkai pereina kiaurai Didžiąją kinų sieną daugybės žmonių akivaizdoje arba pradangina Laisvės statulą. Kai kurie jogai gali miegoti ant plonos šakos ir daug dienų išbūti be oro.

Kai kurie iš šių stebuklų yra tik akių apgaulė. Tačiau žmonės išsitreniruoja ir padaro nuostabių dalykų. Egipto kerėtojai buvo daug galingesni, nes iš kartos į kartą perduodavo savo paslaptis, kad pasirodytų karaliui! Jie tikrai galėjo turėti ryšį su piktosiomis dvasiomis.

Korėjoje kai kurios kerėtojos, turinčios ryšį su demonais,

šoka ant labai išgaląstų žoliapjovės ašmenų ir visai nesusižeidžia. Faraono kerėtojai taip pat turėjo ryšį su piktosiomis dvasiomis ir rodė daug nuostabių dalykų.

Egipto kerėtojai labai ilgai mokydavosi iliuzijų meno ir jų numestos lazdos atrodė kaip gyvatės.

Tie, kas nepripažįsta gyvojo Dievo

Kai Mozės numesta lazda pavirto gyvate, faraonui šmėstelėjo mintis, kad Dievas yra ir Izraelio Dievas yra tikrasis Dievas, bet kerėtojams padarius gyvates, jis nebetikėjo Dievu.

Gyvatė padaryta iš Aarono lazdos prarijo kerėtojų šliužus bet faraonas manė, kad tai tik atsitiktinumas.

Tikėjime nebūna atsitiktinumų, bet naujatikių, ką tik priėmusių Viešpatį, gyvenime šėtonas dažnai stipriai veikia, kad šie atsisakytų tikėjimo į Dievą. Tuomet žmonės kartais mano, kad viskas buvo tik atsitiktinumas.

Taip pat kai kurie tikintieji, ką tik priėmusieji Viešpatį, Dievo padedami stebuklingai išsprendžia savo problemas. Iš pradžių jie pripažįsta Dievo galybę, bet laikui bėgant, ima galvoti, kad tai buvo tik atsitiktinumas.

Visai kaip faraonas, kuris matė, kaip Dievas pavertė lazdą gyvate, bet nepripažino Dievo, kai kurie žmonės nepripažįsta gyvojo Dievo ir viską laiko atsitiktinumais arba sutapimais, net patyrę galingus Dievo darbus.

Vieni žmonės visa širdimi įtiki į Dievą, vieną kartą patyrę Dievo darbą. Kiti iš pradžių pripažįsta Dievą, bet paskui ima manyti, kad išsprendė viską savo jėgomis, žiniomis ir patirtimi arba su kaimynų pagalba ir Dievo darbą laiko atsitiktinumu.

Tuomet Dievas turi nusigręžti nuo jų. Viskas baigiasi tuo, kad išspręstos problemos vėl sugrįžta.

Išgydyta liga gali sugrįžti ir net pasunkėti. Pasibaigę verslo problemos gali pavirsti didesnėmis negu anksčiau.

Kai Dievo atsakymą laikome atsitiktinumu, mes tolstame nuo Dievo. Tuomet senos problemos sugrįžta, ir galime patekti net į sunkesnę padėtį.

Faraonas laikė Dievo darbą tik atsitiktinumu, todėl dabar jo laukė tikros rykštės.

Tačiau faraono širdis buvo užkietėjusi, ir jis neklausė jų, kaip VIEŠPATS buvo sakęs (Išėjimo knyga 7, 13).

3 skyrius

Kraujo, varlių ir uodų rykštės

Išėjimo knyga 7, 20 – 8, 15

Mozė ir Aaronas darė, kaip VIEŠPATS buvo įsakęs. Jis pakėlė lazdą ir faraono bei jo pareigūnų akivaizdoje sudavė į Nilo vandenį, ir visas vanduo upėje pavirto krauju (7, 20).

VIEŠPATS tarė Mozei: ,,Sakyk Aaronui: ,Ištiesk ranką su lazda viršum upių, kanalų ir kūdrų, užleisk varlėmis Egipto kraštą!'" Aaronas ištiesė ranką viršum Egipto vandenų, varlės iššoko ir užplūdo visą Egipto kraštą (8, 1-2).

Tada VIEŠPATS tarė Mozei: ,,Sakyk Aaronui: ,Ištiesk savo lazdą ir suduok į žemės dulkes, kad jos pavirstų uodais visame Egipto krašte!'" Jie taip ir padarė. Aaronas ištiesė ranką su lazda ir sudavė į žemės dulkes. Uodai apniko žmones ir gyvulius. Žemės dulkės visame Egipto krašte pavirto uodais (8, 12-13).

Kerėtojai sakė faraonui: ,,Tai Dievo pirštas!" Bet faraono širdis buvo užkietėjusi, jis nenorėjo jų klausyti, kaip VIEŠPATS ir buvo sakęs (8, 15).

Dievas pasakė Mozei, kad faraono širdis bus sukietinta, ir jis atsisakys išleisti izraelitus, net pamatęs lazdos pavertimą gyvate. Paskui Dievas pasakė Mozei, ką toliau daryti.

Nueik pas faraoną rytą, kai jis eis prie vandenų, ir, laikydamas rankoje lazdą, kuri buvo pavirtusi gyvate, atsistok ant Nilo kranto jo pasitikti (Išėjimo knyga 7, 15).

Mozė susitiko faraoną, vaikščiojantį prie Nilo, ir perdavė jam gyvojo Dievo žodį, laikydamas rankoje lazdą, kuri buvo pavirtusi gyvate.

Sakyk jam: „VIEŠPATS, hebrajų Dievas, atsiuntė mane pas tave pasakyti: ‚Leisk mano tautai eiti, kad galėtų mane pagarbinti dykumoje‘. Bet tu iki šiol manęs nepaklausei. Taip kalba VIEŠPATS: ‚Iš to žinosi, kad aš esu VIEŠPATS! Žiūrėk, lazda, kurią laikau rankoje, suduosiu į Nilo vandenį, ir jis pavirs krauju. Išgaiš žuvys upėje, ims dvokti pati upė, nebegalės egiptiečiai gerti vandens iš Nilo'" (Išėjimo knyga 7, 16-18).

Kraujo rykštė

Vanduo mums labai reikalingas ir tiesiogiai susijęs su mūsų gyvybe. Septyniasdešimt procentų žmogaus kūno yra vanduo; jis absoliučiai būtinas visiems gyviems padarams.

Šiandien, gyventojų skaičiui augant ir ekonomikai vystantis, daug šalių kenčia nuo vandens trūkumo. JT paskelbė Pasaulinę vandens dieną, kad primintų visoms šalims vandens svarbą ir paragintų žmones taupiai naudoti ribotus vandens išteklius.

Senovės Kinija turėjo vandens ministrą. Mes pripratę visur matyti vandenį, bet kartais pamirštame, koks jis svarbus mūsų gyvenimui.

Kokia bėda būtų, jei visas vanduo pavirstų krauju! Faraonas ir egiptiečiai patyrė šią baisią bėdą. Nilo vanduo pavirto krauju.

Tačiau faraonas sukietino savo širdį ir nepakluso Dievo žodžiui, nes ir jo kerėtojai pavertė vandenį krauju.

Mozė parodė jam gyvąjį Dievą, bet faraonas laikė tai atsitiktinumu ir viską neigė. Todėl Dievo rykštė ištiko faraoną pagal jo širdies nedorybę.

Mozė ir Aaronas padarė tai, ką VIEŠPATS įsakė. Faraono ir jo tarnų akivaizdoje Mozė pakėlė lazdą ir sudavė į Nilo vandenį, ir upės vanduo pavirto krauju.

Paskui egiptiečiai turėjo kasti žemę prie Nilo, kad gautų geriamo vandens. Tai buvo pirmoji rykštė.

Dvasinė kraujo rykštės prasmė

Kokia dvasinė prasmė slypi kraujo rykštėje?

Didžioji Egipto dalis yra dykuma ir dykynė. Faraonas ir jo

tauta labai kentėjo, nes jų geriamasis vanduo pavirto krauju.

Ne tik jų geriamasis vanduo sugedo, bet ir žuvys išgaišo, todėl pasklido baisi smarvė. Nemalonumai buvo didžiuliai.

Kraujo rykštė dvasiškai reiškia kančias, kurias sukelia dalykai, tiesiogiai susiję su mūsų kasdieniniu gyvenimu. jie erzinantys ir skaudūs, ateina iš artimiausių žmonių: šeimos narių, draugų ir kolegų.

Krikščionių gyvenime ši rykštė gali būti persekiojimai iš artimiausių draugų, tėvų, giminaičių ar kaimynų pusės. Žinoma, turintieji didesnį tikėjimo saiką lengvai juos įveikia, bet mažo tikėjimo žmonės kenčia didelį skausmą.

Sunkumai užklumpa turinčiuosius pikto širdyje

Sunkumai turi dvi priežastis.

Pirmoji priežastis yra gyvenimas ne pagal Dievo žodį. Kai atgailaujame ir atsiverčiame, Dievas patraukia sunkumus.

Jokūbo laiške 1, 13-14 parašyta: *„Ir nė vienas gundomas tenesako: ‚Aš esu Dievo gundomas'. Dievas negali būti gundomas į pikta ir pats nieko negundo. Kiekvienas yra gundomas, savo geismo pagrobtas ir suviliotas".*

Sunkumai prislegia mus todėl, kad pasiduodame savo geismams ir negyvename pagal Dievo žodį, o priešas velnias atneša mums išmėginimus.

Antroji priežastis yra šėtono, mėginančio priversti mus apleisti tikėjimą, veikimas, kai mes stengiamės ištikimai gyventi krikščioniškai, bet vis tiek patiriame sunkumų.

Jeigu šiuo atveju suklupsime, sunkumai padidės, ir negalėsime gauti palaiminimų. Kai kurie žmonės apleidžia turėtą nedidelį tikėjimą ir sugrįžta į pasaulį.

Abiem atvejais sunkumus sukelia mumyse esanti nedorybė. Todėl turime uoliai ieškoti bet kokių nedorybės formų savyje ir atmesti jas. Turime melstis su tikėjimu ir dėkoti, nes tik taip įveiksime išbandymus.

Kaip Mozės gyvatė prarijo kerėtojų gyvates, taip Dievas valdo ir šėtono pasaulį. Pašaukęs Mozę, Dievas parodė ženklą: pavertė lazdą gyvate, o gyvatę vėl lazda (Išėjimo knyga 4, 4). Tai simbolizuoja faktą, kad jeigu parodome tikėjimą ir visiškai pasikliaujame Dievu, išbandymams užklupus per šėtono veikimą, Dievas viską sugrąžins į normalią padėtį.

Tačiau jeigu pasiduosime pagundai, neparodysime tikėjimo ir nepatirsime Dievo darbų. Jeigu susiduriame su išbandymu, turime visiškai pasikliauti Dievu ir pamatysime, kaip Dievas patraukia išbandymą savo galia.

Dievas valdo viską. Todėl jeigu mažuose ir dideliuose išbandymuose visiškai pasitikėsime Dievu ir paklusime Jo žodžiui, išbandymai mūsų neišgąsdins. Pats Dievas išspręs problemas ir ves mus į klestėjimą visose srityse.

Tačiau svarbu žinoti, kad po nedidelės rykštės mes greitai atsigauname, bet po didelės rykštės tikrai nelengva visiškai atsigauti. Todėl visada turime tikrinti save tiesos žodžiu, atmesti visas pikto formas ir gyventi pagal Dievo žodį, kad išvengtume bet kokių rykščių.

Tikėjimo žmonių išbandymai yra skirti jų palaiminimui

Kartais būna išimtinių atvejų. Net didžio tikėjimo žmonės gali patekti į išbandymus. Apaštalas Paulius, Abraomas, Danielius su trimis draugais ir Jeremijas kentėjo išbandymus. Net Jėzus buvo velnio gundomas tris kartus.

Lygiai taip pat išbandymai atneša palaiminimus tiems, kas turi tikėjimą. Jeigu jie džiaugiasi, dėkoja ir visiškai pasitiki Dievu, išbandymai virsta palaiminimais ir atneša garbę Dievui.

Turintieji tikėjimą gali patirti išmėginimų, kad juos išlaikę gautų palaiminimų. Tačiau jie niekada negauna rykščių. Rykštės krenta ant tų, kas elgiasi neteisingai Dievo akyse

Pavyzdžiui, apaštalas Paulius patyrė labai daug žiaurių persekiojimų dėl Viešpaties, bet juose įgijo daug jėgos ir suvaidino lemiamą vaidmenį Romos imperijos evangelizavime, tapęs pagonių apaštalu.

Danielius nepabūgo klastingo pavyduolių bandymo susidoroti su juo. Jis nesiliovė meldęsis ir gyveno teisume. Galiausiai jis buvo įmestas į liūtų duobę, bet nė kiek nenukentėjo. Jis atnešė Dievui didžią garbę.

Jeremijas gedėjo ir su ašaromis perspėjo tautiečius, kai šie darė nuodėmes prieš Dievą. Tautiečiai primušė jį už tai ir įmetė į kalėjimą. Tačiau net Babilono karaliui Nebukadnecarui užkariavus Jeruzalę, kai labai daug žmonių buvo nužudyti ir paimti į nelaisvę, Jeremijas buvo išgelbėtas, ir užkariautojų karalius gerai su juo elgėsi.

Tikėjimu Abraomas išlaikė savo sūnaus Izaoko paaukojimo išbandymą, kad paskui būtų vadinamas Dievo draugu. Jis gavo tokių didžių palaiminimų dvasiai ir kūnui, kad net tautos karalius rodė jam pagarbą.

Kaip minėjau, dažniausiai išbandymai prislegia mus dėl mūsų nedorybių, bet išimtiniais atvejais ir didelio tikėjimo Dievo žmonės patiria išmėginimų, kurie baigiasi palaiminimais.

Varlių rykštė

Net septynioms dienoms praėjus po Nilo pavertimo krauju, faraonas sukietino savo širdį. Jo kerėtojai taip pat pavertė vandenį krauju, todėl jis atsisakė išleisti Izraelio tautą.

Faraonas turėjo rūpintis savo pavaldiniais, kuriems trūko vandens, bet jam tai buvo nė motais, nes jo širdis buvo sukietinta.

Faraonas sukietino savo širdį, todėl antroji rykštė ištiko Egiptą.

Nilas knibždės varlėmis, jos atšokuos į tavo rūmus, miegamąjį ir lovą, į tavo pareigūnų ir pavaldinių namus, krosnis ir dubenis duonai minkyti. Varlės šokinės ant tavęs, tavo pavaldinių ir pareigūnų (Išėjimo knyga 7, 28-29).

Kaip Dievas sakė Mozei, kai Aaronas ištiesė savo ranką su lazda virš Egipto vandenų, neapsakoma daugybė varlių užplūdo Egipto žemę. Paskui kerėtojai padarė tą patį savo paslaptingais kerais.

Išskyrus Antarktidą, visame pasaulyje gyvena virš 400 varlių rūšių nuo 2,5 cm iki 30 cm dydžio.

Kai kurios tautos valgo varles, bet paprastai žmonės bjaurisi jomis. Varlės turi išsprogusias akis ir neturi uodegos. Jų užpakalinės kojos plėvėtos, oda visada šlapia. Visa tai sukelia nemalonų įspūdį.

Nesuskaičiuojama daugybė varlių užplūdo visą šalį. Jos šokinėjo ant stalų ir miegamuosiuose ant lovų. Egiptiečiai negalėjo net pagalvoti apie mėgavimąsi maistu ar ramų poilsį.

Dvasinė varlių rykštės prasmė

Kokia dvasinė prasmė slypi varlių rykštėje?

Apreiškimas Jonui 16, 13 mini „*tris netyrąsias dvasias, tartum varles*". Varlės yra vienos iš šlykščiausių gyvūnų ir dvasiškai reiškia šėtoną.

Varių atšokavimas į karaliaus rūmus ir ministrų namus

reiškia, kad rykštė ištiko visus žmones, nepriklausomai nuo jų socialinės padėties.

Varlės miegamuosiuose reiškia problemas tarp vyrų ir žmonų.

Pavyzdžiui, žmona tikinčioji, o jos netikintis vyras susiranda meilužę. Sugautas jis teisinasi: „Taip atsitiko todėl, kad tu visą laiką bažnyčioje".

Jeigu žmona patiki vyru, kaltinančiu bažnyčią dėl savo asmeninių problemų, ir ima tolti nuo Dievo, šią problemą sukelia „šėtonas miegamajame".

Žmonės sulaukia šios rykštės todėl, kad turi nedorybių. Atrodo, kad jie gyvena gerą tikėjimo gyvenimą, bet susidūrus su išbandymais, jų širdis sudreba, tikėjimas ir dangaus viltis išnyksta. Jų džiaugsmas ir ramybė taip pat pradingsta, jie bijo blaiviai įvertinti savo padėtį.

Tačiau kas tikrai viliasi dangaus ir myli Dievą, turėdami tikrą tikėjimą, tie nenukentės nuo gyvenimo sunkumų, bet įveiks juos ir sulauks palaiminimų.

Varlės atšokavo į krosnis ir dubenis duonai minkyti,. Orkaitės reiškia mūsų darbo vietą arba verslą, o dubenys – kasdieninę mūsų duoną. Šėtonas veikia žmonių šeimose, darbo vietose, versle ir net kasdieniame maiste, kad sukeltų žmonėms kuo daugiau sunkumų ir įtampos.

Šioje padėtyje atsidūrę kai kurie žmonės neįveikia išbandymo manydami, kad sunkumai užgriuvo juos dėl tikėjimo į Jėzų, ir sugrįžta į pasaulį. Jie palieka išganymo ir amžinojo gyvenimo kelią.

Tačiau jeigu jie pripažįsta faktą, kad sunkumai užgriuvo dėl tikėjimo trūkumo bei nedorybių ir atgailauja, šėtono puolimai baigiasi, ir Dievas padeda jiems įveikti sunkumus.

Jeigu tikrai turime tikėjimą, jokie išbandymai ir rykštės nesukels mums problemų. Jeigu išbandymuose džiaugsimės, dėkosime, budėsime ir melsimės, įveiksime visas problemas.

> *Tada faraonas, pasišaukęs Mozę ir Aaroną, tarė: „Prašykite VIEŠPATĮ, kad atitolintų varles nuo manęs ir mano valdinių, o aš leisiu tautai eiti atnašauti auką VIEŠPAČIUI"* (Išėjimo knyga 8, 4).

Faraonas paprašė Mozės ir Aarono atitolinti varles, užplūdusias šalį. Mozei pasimeldus, varlės išdvėsė namuose, kiemuose ir laukuose.

Žmonės metė jas į krūvas, visas kraštas dvokė. Dabar jie galėjo atsikvėpti. Bet kai faraonas pamatė, kad jau galima atsikvėpti, jis persigalvojo. Jis pažadėjo išleisti Izraelio tautą, jeigu varlės bus atitolintos, bet paskui persigalvojo.

> *Bet kai faraonas pamatė, kad jau galima atsikvėpti, jis sukietino savo širdį ir neklausė jų, kaip VIEŠPATS ir buvo sakęs* (Išėjimo knyga 8, 11).

Širdies sukietinimas reiškia, kad faraonas buvo užsispyręs. Net pamatęs daug Dievo darbų, jis neklausė Mozės, todėl susilaukė dar vienos rykštės.

Uodų rykštė

Dievas pasakė Mozei Išėjimo knygoje 8, 16: „*Sakyk Aaronui: ‚Ištiesk savo lazdą ir suduok į žemės dulkes, kad jos pavirstų uodais visame Egipto krašte!'*"

Kai Mozė ir Aaronas padarė tai, žemės dulkės pavirto uodais visame Egipto krašte.

Kerėtojai taip pat bandė padaryti uodų, bet negalėjo. Pagaliau supratę, kad tai ne žmogaus galioms, jie pasakė tai karaliui.

Tai Dievo pirštas (Išėjimo knyga 8, 15).

Iki šiol kerėtojai galėjo padaryti panašių dalykų – paversti lazdą gyvate, vandenį krauju ir užleisti varlėmis kraštą. Tačiau dabar jie nieko nebegalėjo padaryti.

Jie pripažino, kad Dievo galybė veikė per Mozę. Tačiau faraonas vis tiek sukietino savo širdį, ir neklausė Mozės.

Dvasinė uodų rykštės prasmės

Hebrajų kalbos žodžio „kinim" reikšmė yra „utėlės, blusos arba uodai". Tai maži vabzdžiai dažniausiai gyvenantys nešvariose vietose. Jie siurbia žmonių ir gyvulių kraują. Jie būna plaukuose, drabužiuose arba gyvūnų kailyje. Uodų yra daugiau negu 3300 rūšių.

Kai jie siurbia kraują, žmogui peršti. Taip pat jie gali užkrėsti karštlige ir dėmėtąja šiltine.

Šiandien švariuose miestuose sunku rasti uodų, bet dėl nepakankamos higienos daug vabzdžių gali apsigyventi ant žmogaus kūno.

Kas gi ta uodų rykštė?

Žemės dulkės pavirto uodais. Dulkės yra labai mažos dalelės, kurias galime nupūsti burna. Jų skersmuo būna nuo 3-4 μm (mikrometrų) iki 0,5 mm.

Kai tokie beveik nepastebimi daiktai kaip dulkės pavirsta gyvais kraujasiurbiais vabzdžiais, tai sukelia sunkumų ir skausmų. Uodų rykštė simbolizuoja atvejus, kai iš pažiūros smulkmenos staiga išauga į dideles problemas, kurios atneša mums kančių ir skausmo.

Paprastai, perštėjimas yra mažesnis skausmas, negu kitos ligos sukelia, bet jis labai erzina. Uodai gyvena nešvariose vietose, todėl uodų rykštė siunčiama ten, kur yra pikto.

Pavyzdžiui, nedidelis ginčas tarp brolių arba vyro ir žmonos gali peraugti į didelė kivirčą. Kalbėjimas apie kokią nors praeityje įvykusią smulkmeną gali išaugti į aršų ginčą. Tai taip pat yra uodų rykštė.

Uodų rykštė gali būti atvejai, kai įtarumas ir pavydas širdyje perauga į neapykantą, kai žmogus nebesivaldo ir išlieja pyktį ant kito, kai slepiami maži melai išauga į didelį melą.

Jeigu kokia nors nepastebima pikto forma slypi širdyje, žmogus patiria širdies skausmų. Jam gali atrodyti, kad krikščioniškas gyvenimas yra sunkus. Jis gali susirgti nesunkia liga. Tokie dalykai taip pat yra uodų rykštė. Jeigu staiga išmuša karštis ar nukrečia šaltis arba veliamės į nedidelius ginčus, turime nedelsiant ištirti save ir atgailauti.

Ką reiškia tai, kad uodai apniko ir gyvulius? Tais laikais gyvulių skaičius kartu su žeme buvo turto rodiklis. Karalius, ministrai ir kiti žmonės turėjo vynuogynų ir augino gyvulius.

Kas šiandien yra mūsų turtas? Ne tik namai, žemė, verslas, bet ir šeimos nariai. Kadangi gyvuliai yra gyvi padarai, jie simbolizuoja šeimos narius, gyvenančius kartu.

„Uodai knibždėjo ant žmonių ir gyvulių" reiškia, kad mažoms problemoms augant, kenčiame ne tik mes, bet ir mūsų šeimos nariai.

Pavyzdžiui, vaikai kenčia dėl tėvų nusikaltimų arba vyras kenčia dėl žmonos kaltės.

Korėjoje daug mažų vaikų serga atopiniu dermatitu. Liga prasideda nedideliu nieržuliu ir greitai apima visą kūną, atsiranda votys, oda trūkinėja.

Sunkiais atvejais vaikų oda sutrūkinėja nuo galvos iki kojų. Visas vaiko kūnelis apsipila pūliais ir krauju.

Tėvams plyšta širdis, matai taip kenčiančius vaikus, nes jie negali nieko padaryti.

Kai tėvai labai supyksta, kartais jų maži vaikai staiga ima karščiuoti. Tėvų nuodėmės dažnai sukelia vaikų ligas.

Jeigu tėvai pasitikrina savo gyvenimą ir atgailauja už netinkamą pareigų vykdymą, gyvenimą nesantaikoje ir viską, kas Dievui nepriimtina, jų vaikai greitai pasveiksta.

Dievo meilė leidžia, kad taip atsitiktų. Uodų rykštė ištinka mus, kai turime savyje paslėptų pikto formų. Todėl turime nelaikyti atsitiktinumais net smulkmenų ir uoliai ieškoti slaptų nedorybės apraiškų savyje, nedelsdami atgailauti ir palikti jas.

4 skyrius

Musių, galvijų maro ir vočių rykštės

Išėjimo knyga 8, 17 – 9, 11

„VIEŠPATS taip ir padarė. Musių spiečių spiečiai apniko faraono rūmus ir jo pareigūnų namus. Žemė visame Egipto krašte buvo nuniokota musių" (8, 20).

„VIEŠPATIES ranka ištiks baisiu maru tavo galvijus laukuose – arklius, asilus, kupranugarius, galvijų bandas ir avių kaimenes. Kitą dieną VIEŠPATS tai ir padarė. Visi egiptiečių galvijai išdvėsė, bet izraelitų galvijų nė vienas nenugaišo" (9, 3 ir 6).

„Taigi jie paėmė suodžių iš krosnies ir nuėjo pas faraoną. Mozė išbėrė jas į orą, ir jos sukėlė pūliuojančias votis žmonėms bei gyvuliams" (9, 10-11).

Egipto kerėtojai pripažino Dievo galybę, kai pamatė uodų rykštę. Tačiau faraonas vis tiek sukietino savo širdį ir netikėjo Moze. Dievas jau parodė faraonui pakankamai savo galybės, kad šis įtikėtų gyvąjį Dievą. Tačiau faraonas pasitikėjo savo stiprybe ir valdžia, laikydamas save dievu, ir nebijojo Dievo.

Rykštės tęsėsi, bet jis neatgailavo ir net labiau susikietino širdį, todėl ir rykštės stiprėjo. Iki uodų rykštės jis greit atsigaudavo po negandos, bet dabar darėsi vis sunkiau atsigauti.

Musių rykštė

Mozė nuėjo pas faraoną anksti rytą pagal Dievo žodį. Jis dar kartą perdavė Dievo įsakymą išleisti Izraelio tautą.

> *Tada VIEŠPATS tarė Mozei: „Atsikelk anksti rytą, pasirodyk faraonui, kai jis eis prie vandens, ir sakyk: ‚Taip kalbėjo VIEŠPATS: Leisk mano tautai eiti manęs pagarbinti'"* (Išėjimo knyga 8, 16).

Tačiau faraonas neklausė Mozės. Tau užtraukė musių rykštę ne tik faraono rūmuose ir jo ministrų namuose, bet ir visame Egipte. Visa šalis buvo pilna musių.

Musės yra kenksmingos. Jo perneša įvairias ligas: vidurių šiltinę, cholerą, tuberkuliozę ir raupsus. Paprastos kambarinės musės veisiasi visur, net ant išmatų ir šiukšlių. Musės ėda atliekas ir maistą. Jos greitai virškina maistą ir išskiria ekskrementus kas penkias minutes.

Įvairūs ligų sukėlėjai gali būti palikti ant žmonių maisto ar indų ir taip užkrėsti žmones. Musių burna ir kojos padengtos lipniu skysčiu, kuriame taip pat gali būti ligų sukėlėjų. Musės yra viena iš didžiausių užkrečiamųjų ligų priežasčių.

Šiandien turime daug prevencinių priemonių ir vaistų, todėl musės neperneša daug ligų. Tačiau senovėje daug žmonių mirdavo nuo infekcinių ligų. Tačiau ir išvengus užkrečiamųjų ligų, jeigu musės nutupia ant maisto kurį valgome, sunku toliau valgyti, nes maistas būna nešvarus.

Ir ne viena ar dvi, bet nesuskaitoma daugybė musių apniko visą Egipto žemę. Kaip bloga buvo visiems egiptiečiams! Tikriausiai buvo baisu apsidairyti aplinkui.

Visa Egipto žemė buvo nuniokota siaubingų musių spiečių. Pasipiktinimas apėmė ne tik faraoną, bet ir visus egiptiečius, gyvenančius visose Egipto žemėse.

Tačiau Dievas aiškiai parodė skirtumą tarp izraelitų ir egiptiečių, jokių musių spiečių nebuvo Gošeno žemėje, kur gyveno izraelitai.

Eikite, atnašaukite savo Dievui auką šiame krašte
(Išėjimo knyga 8, 21).

Prieš siųsdamas pirmąją rykštę, Dievas įsakė jiems atnašauti Jam aukas dykumoje, bet faraonas liepė jiems aukoti Dievui

Egipto krašte. Dabar Mozė atsisakė šio pasiūlymo ir paaiškino faraonui priežastį.

Tai daryti nedera, nes, ką mes aukojame VIEŠPAČIUI, savo Dievui, pasibjaurėtina egiptiečiams. Jeigu mes aukosime, kas pasibjaurėtina egiptiečių akyse, argi jie neužmuš mūsų akmenimis? (Išėjimo knyga 8, 22).

Mozė pasakė, kad jie nueis trijų dienų kelią į dykumą ir įvykdys Dievo įsakymą. Faraonas atsakė jam neiti per toli ir paprašė pasimelsti už jį.

Mozė tarė faraonui, kad musės išnyks jau kitą dieną, ir prašė jį ištesėti pažadą išleisti izraelitus.

Tačiau kai musės išnyko po Mozės maldos, faraonas persigalvojo ir neišleido Izraelio tautos. Akivaizdu, kad faraonas buvo nesąžiningas ir klastingas, todėl ir kentėjo rykštę po rykštės.

Dvasinė musių rykštės prasmė

Kaip musės veisiasi nešvariose vietose ir perneša užkrečiamas ligas, taip ir nedoras bei nešvarios širdies žmogus sako piktus žodžius ir sėja aplinkui visokias ligas ir problemas. Tai musių rykštė, kenkianti ne tik tam žmogui, bet ir jo šeimai bei bendradarbiams.

Evangelijoje pagal Matą 15, 18-19 parašyta: *„O kas išeina iš burnos, eina iš širdies, ir tai suteršia žmogų. Iš širdies išeina pikti sumanymai, žmogžudystės, svetimavimai, ištvirkavimai, vagystės, melagingi liudijimai, šmeižtai".*

Žmogaus širdies turinys išeina per burną. Iš geros širdies išeina geri žodžiai, bet iš nešvarios – nešvarūs žodžiai. Jei turime melo, klastos, neapykantos ir pykčio, iš mūsų burnos išeina atitinkami žodžiai, ir mes darome piktus darbus.

Šmeižtas, teisimas, smerkimas ir keikimas išeina iš piktos ir nešvarios širdies. Todėl Evangelija pagal Matą 15, 11 sako: *„Ne kas patenka į burną, suteršia žmogų, bet kas išeina iš burnos, tai suteršia žmogų".*

Net netinkintieji sako: „Beria žodžius kaip žirnius" arba „Žodis – ne žvirblis, išskrido – nesugausi".

Jūs negalite panaikinti to, ką pasakėte. Krikščionio gyvenime ištarti žodžiai yra ypatingai svarbūs. Jūsų ištarti žodžiai, geri arba blogi, atneša atitinkamas pasekmes.

Jeigu peršąlame arba susergame nesunkia užkrečiama liga, tai būna uodų kategorijos rykštė. Jeigu nedelsdami atgailaujame, greitai pasveikstame. Tačiau musių rykštės atveju, net atgailaudami iš karto neatsigauname. Šios rykštės priežastis yra didesnė nedorybė, todėl turime susilaukti atpildo.

Todėl, susilaukę musių rykštės, turime pažvelgti atgal ir nuoširdžiai atgailauti už visus piktus žodžius ir darbus. Mūsų problemos bus išspręstos tik po atgailos.

Biblija pasakoja apie žmones, susilaukusius atpildo už savo piktus žodžius. Viena iš jų buvo Mikalė, karaliaus Sauliaus duktė ir karaliaus Dovydo žmona. Samuelio antroje knygoje, šeštame skyriuje, nešant Sandoros skrynią į Dovydo miestą, Dovydas labai džiaugėsi ir šoko visų akivaizdoje.

VIEŠPATIES Skrynia buvo Dievo artybės simbolis. Filistinai pagrobė ją teisėjų laikais, bet ji buvo atgauta. Ji negalėjo būti Padangtėje ir apie septyniasdešimt metų buvo laikoma Kirjat Jearimuose. Įžengęs į sostą, Dovydas galėjo perkelti Skrynią į Padangtę Jeruzalėje. Jis be galo džiaugėsi.

Ne tik Dovydas, bet ir visi Izraelio žmonės džiaugėsi ir šlovino Dievą, bet Mikalė, turėjusi džiaugtis su savo vyru, žiūrėjo į visus iš aukšto ir paniekino karalių.

Na ir šauniai šiandien pasirodė Izraelio karalius, apsinuogindamas savo dvariškių vergių akyse, kaip begėdiškai apsinuogina koks prasčiokas! (Samuelio antra knyga 6, 20).

Ir ką Dovydas atsakė?

Tai buvo akivaizdoje VIEŠPATIES, kuris išrinko mane vietoj tavo tėvo bei visos jo šeimos ir paskyrė Izraelio, VIEŠPATIES tautos, valdovu! Aš šoksiu VIEŠPATIES akivaizdoje, darysiu save dar niekingesnį ir būsiu menkas savo akyse, bet tarp vergių, apie kurias tu kalbi, būsiu garbingas (Samuelio antra knyga 6, 21-22).

Mikalė liko bevaikė iki savo mirties dienos už ištartus piktus žodžius.

Žmonės labai dažnai nusideda savi lūpomis, bet net nesupranta, kad jų žodžiai yra nuodėmė. Atpildas už nuodėmingus žodžius griauna jų darbą, verslą ir šeimos gyvenimą, bet jie net nesupranta kodėl. Dievas įspėjo mus apie žodžių svarbumą.

> *Blogas žmogus per savo lūpas patenka į pinkles, o teisus žmogus išsilaisvina iš vargo. Žmogus sotinasi gėrybėmis iš savo lūpų vaisių, ir gauna atlyginimą už savo rankų darbą* (Patarlių knyga 12, 13-14).

> *Iš savo žodžių vaisių žmogus valgo gerą valgį, o apgaulingas žmogus alksta darydamas niekšybes. Kas saugo savo liežuvį, tas apsaugo savo gyvastį, o plepus žmogus prieina liepto galą n* (Patarlių knyga 13, 2-3).

> *Mirtis ir gyvenimas – liežuvio galioje, ir kas su juo sutaria, tas valgys jo vaisius* (Patarlių knyga 18, 21).

Turime suprasti, kokias pasekmes atneš mūsų ištarti pikti žodžiai, ir sakyti tik teigiamus, gerus, gražius, teisingus ir šviesius žodžius, išpažinti savo tikėjimą.

Galvijų maro rykštė

Net nukentėjęs nuo musių rykštės faraonas sukietino savo širdį ir neišleido izraelitų, ir Dievas leido kilti galvijų marui.

Dievas, prieš leisdamas prasidėti šiai rykštei, nusiuntė Mozę pas faraoną perduoti Jo valią.

> *Jeigu neleisi jiems eiti ir toliau juos stabdysi, tikėk manimi, VIEŠPATIES ranka ištiks baisiu maru tavo galvijus laukuose – arklius, asilus, kupranugarius, galvijų bandas ir avių kaimenes. Bet VIEŠPATS padarys skirtumą tarp izraelitų ir egiptiečių galvijų, idant nenugaištų nė vienas iš tų, kurie priklauso izraelitams* (Išėjimo knyga 9, 2-4).

Norėdamas, kad jie žinotų, jog tai ne atsitiktinumas, bet Dievo rykštė, Dievas nustatė konkretų negandos laiką, todėl Mozė pasakė: „Rytoj VIEŠPATS tai įvykdys šiame krašte". Taip Dievas suteikė jiems galimybių atgailauti.

Jeigu faraonas būtų pripažinęs Dievo galybę ir persigalvojęs, daugiau rykščių nebebūtų buvę.

Bet jis nepersigalvojo, ir išdvėsė visi laukuose buvę egiptiečių galvijai: arklių, asilų ir kupranugarių kaimenės.

Tačiau nė vienas izraelitų galvijų nenugaišo. Dievas leido jiems suprasti, kad Jis yra gyvas ir įvykdo savo žodį. Faraonas puikiai žinojo šį faktą, bet vis tiek sukietino savo širdį ir nepakeitė nusistatymo.

Dvasinė galvijų maro prasmė

Maras yra greitai plintanti liga, kuri nužudo daug žmonių arba galvijų. Visi galvijai išgaišo Egipte, žala buvo didžiulė.

Pavyzdžiui, Juodoji mirtis arba buboninis maras, siautėjęs Europoje keturioliktame amžiuje, buvo epidemija, kurios užkratą nešiojo žiurkės ir voverės, bet žmonės užsikrėtė per blusas, ir milijonai europiečių išmirė. Maras buvo labai užkrečiamas, o medicinos mokslas nelabai pažengęs, todėl mirčių buvo nepaprastai daug.

Galvijų kaimenės, arkliai, avių ir ožkų bandos buvo žmonių turtas. Galvijai simbolizuoja faraono, ministrų ir visų žmonių nuosavybę. Galvijai yra gyvi padarai, ir šiandien jie simbolizuoja mūsų šeimos narius, kolegas ir draugus namuose, darbe ar versle.

Egipto galvijų maro priežastis buvo faraono nedorybė. Dvasine prasme galvijų maras reiškia, kad ligos ištiks mūsų šeimos narius, jeigu kaupsime nedorybes, o Dievas nusigręš nuo mūsų.

Pavyzdžiui, kai tėvai neklauso Dievo, jų mylimi vaikai gali sunkiai susirgti. Vyro nedorybės gali sukelti ligą jo žmonai. Kai ši rykštė ištinka mus, turime ne tik ištirti save, bet ir šeimos nariai turi atgailauti kartu.

Išėjimo knygoje 20-o skyriaus penktoje eilutėje pasakyta, kad bausmė už stabmeldystę tęsiasi iki trečios ir ketvirtos kartos.

Žinoma, mylintis Dievas baudžia ne visais atvejais. Jeigu vaikai geros širdies, priima Dievą ir gyvena su tikėjimu, jie nebus baudžiami už savo tėvų nuodėmes.

Jeigu vaikai tęsia nedorybes, paveldėtas iš tėvų, jie susidurs su nuodėmių pasekmėmis. Stabus garbinančių žmonių šeimose vaikai dažnai gimsta su fizine negalia arba proto sutrikimais.

Kai kurie žmonės namuose pasikabina ant sienų laimės amuletus. Kiti garbina Budos stabus. Dar kiti užrašo savo vardus budistų šventyklose. Tai rimta stabmeldystė, ir net jeigu patys stabmeldžiai nesulauks rykščių, jų vaikai turės problemų.

Tėvai turi visada gyventi tiesoje, kad neperduotų nuodėmių savo vaikams. Jeigu bent vienas šeimos narys sunkiai suserga, jie turi pasitikrinti, ar ne jų nuodėmės yra ligos priežastis.

Vočių rykštė

Faraonas matė nugaišusius galvijus Egipte, ir pasiuntė savo žmones pažiūrėti, kas vyksta Gošeno krašte, kur izraelitai gyveno. Skirtingai nuo visų kitų Egipto kraštų, Gošene nenustipo nė vienas gyvulys.

Net patyręs nepaneigiamą Dievo veikimą, faraonas nepasikeitė.

Faraonas siuntė pažiūrėti ir sužinojo, kad nė vienas izraelitų galvijų nebuvo nugaišęs. Vis tiek faraono širdis liko kieta, ir jis neleido tautai eiti (Išėjimo knyga 9, 7).

Tuomet Dievas pasakė Mozei ir Aaronui pasisemti po rieškučias suodžių iš krosnies ir liepė Mozei mesti juos į orą faraono akivaizdoje. Kai jie padarė, ką Dievas liepė, pūliuojančios votys ištiko žmones ir gyvulius.

Votis yra lokalizuotas odos patinimas ir uždegimas, sukeltas plauko šaknelės infekcijos ir ją supančių audinių, turintis geluonį ir išskiriantis pūlius.

Rimtais atvejais reikia net operacijos. Kai kurių vočių skersmuo viršija 10 cm. Jos tinsta, sukelia karščiavimą, silpnumą, kartais ligoniui būna sunku vaikščioti. tai labai skausminga liga.

Votys kamavo žmones ir gyvulius, ir net kerėtojai nepajėgė varžytis su Moze, vočių varginami.

Galvijų maro metu krito tik gyvuliai, bet vočių rykštės atveju kentėjo ir žmonės.

Dvasinė vočių rykštės prasmė

Galvijų maras yra vidaus liga, bet votys tampa išoriškai matomos, kai viduje vyksta rimtesni procesai.

Pavyzdžiui, maža vėžinė ląstelė dauginasi ir virsta net išoriškai matomu augliu. Tas pats su cerebraliniu paralyžiumi, plaučių ligomis ir AIDS.

Šios ligos paprastai vargina užsispyrusio būdo žmones. Kiekvienas atvejis individualus, bet dauguma šių ligonių būna ūmaus būdo, išpuikę, neatlaidūs kitiems ir laikantys save geriausiais. Jie laikosi tik savo nuomonės ir nepaiso kitų, nes jiems trūksta meilės. Visa tai ir yra rykščių priežastys.

Kartais pagalvojame: „Jis atrodo labai švelnus ir geras, bet kodėl jį kamuoja tokia sunki liga?" Tačiau nors žmogus gali išoriškai atrodyti švelnus, jis gali būti ne toks Dievo akyse.

Jeigu jis pats neužsispyręs, tikriausiai jo protėviai padarė sunkių nuodėmių (Išėjimo knyga 20, 5).

Kai rykštė ištinka dėl šeimos nario, problema bus išspręsta, kai visi šeimos nariai atgailaus kartu. Kai jie taps darnia ir gražia šeima, tai bus jų palaiminimas.

Dievas valdo savo teisingumu žmonių gyvenimą, mirtį, sėkmę ir nesėkmę. Jokia rykštė ar nelaimė neištinka be priežasties (Pakartoto Įstatymo knyga 28).

Net kai vaikai kenčia dėl savo tėvų ir protėvių nuodėmių, pagrindinė priežastis slypi pačiuose vaikuose. Net kai tėvai garbina stabus, jeigu jų vaikai gyvena Dievo žodžiu, Dievas saugo juos, ir rykštės jų nepaliečia.

Atpildas už protėvių arba tėvų stabmeldystės nuodėmę tenka vaikams tik tada, kai vaikai patys negyvena pagal Dievo žodį. Jeigu jie gyvena tiesoje, teisingasis Dievas apsaugo juos, ir jie nesusiduria su jokiomis problemomis.

Dievas yra meilė, todėl viena siela Jam brangesnė už visą

pasaulį. Jis nori, kad visi žmonės pasiektų išganymą, gyventų tiesoje ir pasiektų pergalę šiame gyvenime.

Dievas leidžia mums patirti rykščių ne tam, kad pražūtume, bet kad atgailautume už nuodėmes ir paliktume jas, ieškodami Jo meilės.

Kraujo, varlių ir uodų rykštės, sukeliamos šėtono, yra palyginti nebaisios. Jeigu atgailaujame ir atsiverčiame, skausmai greitai pasitraukia.

Tačiau musių, galvijų maro ir vočių rykštės yra baisesnės ir tiesiogiai paliečia mūsų kūną. Joms ištikus, turime persiplėšti savo širdį ir labai nuoširdžiai atgailauti.

Jeigu kenčiame nuo kurios nors iš šių rykščių, turime ne kaltinti kitus, bet būti išmintingi, ištirti save Dievo žodžio šviesoje ir atgailauti ten, kur buvome neteisūs Dievo akyse.

5 skyrius

Krušos ir skėrių rykštės

Išėjimo knyga 9, 23 – 10, 20

Mozė pakėlė savo lazdą dangaus link, ir VIEŠPATS pasiuntė perkūniją ir krušą, žemėn liejosi ugnis. VIEŠPATS bėrė ledų krušą ant Egipto žemės. Kruša su nesiliaujančia žaibų ugnimi buvo tokia nuožmi, kokios dar niekada nebuvo buvę visame Egipto krašte nuo jo tapimo tauta! (9, 23-24).

Mozė pakėlė savo lazdą viršum Egipto žemės, ir VIEŠPATS sukėlė rytų vėją per visą dieną ir visą naktį viršum krašto. Išaušus dienai, rytys jau buvo atnešęs skėrius. Skėriai užplūdo visą Egipto kraštą ir apsėdo visą Egipto žemę; skėrių spiečius buvo toks tankus, kokio nei anksčiau nebuvo buvę, nei kada nors vėl bus (10, 13-14).

Tikrai mylintys tėvai drausmina ir baudžia savo vaikus, nes trokšta išmokyti juos teisingai elgtis.

Kai vaikai neklauso savo pabarimo, kartais tėvai turi paimti rykštę, kad atvestų vaikus į protą. Tačiau tėvų širdies skausmas būna didesnis už vaikams sukeltą fizinį skausmą.

Ir mylintis Dievas kartais nusigręžia ir leidžia rykštėms arba problemoms užklupti Jo mylimus vaikus, kad šie atgailautų ir paliktų nedorus kelius.

Krušos rykštė

Dievas galėjo iš pat pradžių atsiųsti baisią rykštę, kad priverstų faraoną paklusti. Bet Dievas kantrus ir ilgai laukia. Jis parodė savo galią ir vedė faraoną ir jo tautą į Dievo pripažinimą, pradėdamas palyginti švelnia rykšte.

> *Būčiau galėjęs ištiesti ranką ir ištikti tave bei tavo tautą maru, ir tu būtum buvęs nušluotas nuo žemės paviršiaus. Vis dėlto leidau tau gyventi, kad parodyčiau savo galybę, kad mano vardas nuskambėtų per visą žemę. Nejau tu vis dar užkirtinėsi kelią mano tautai ir neleisi išeiti? Tikėk manimi, rytoj šiuo laiku padarysiu, kad lytų tokia ledų kruša, kokios nėra buvę Egipte nuo jo įkūrimo iki šios dienos* (Išėjimo knyga 9, 15-18).

Rykštės darėsi vis baisesnės, bet faraonas vis tiek aukštinosi prieš izraelitus, neišleisdamas jų. Dabar Dievas leido septintąją rykštę, krušos rykštę.

Dievas per Mozę pranešė faraonui, kad bus tokia kruša, kokios nėra buvę Egipte nuo jo įkūrimo. Dievas suteikė žmonėms ir gyvuliams galimybę pasislėpti pastogėse. Jis iš anksto įspėjo, kad lauke likę žmonės ir gyvūnai žus nuo krušos.

Kai kurie faraono tarnai pabūgo VIEŠPATIES žodžio ir suvarė savo vergus ir galvijus į pastoges, bet kiti nepaisė Dievo žodžio ir niekuo nesirūpino.

O kiti, nepaisydami VIEŠPATIES žodžio, paliko savo vergus ir galvijus atvirame lauke (Išėjimo knyga 9, 21).

Kitą dieną Mozė pakėlė savo lazdą dangaus link, Ir Dievas pasiuntė perkūniją ir krušą. Ugnis liejosi žemėn. Kruša išmušė žmones, gyvulius ir augalus. Kokia baisi rykštė!

Tačiau Išėjimo knygoje 9, 31-32 parašyta: *„Linai ir miežiai buvo nuniokoti, nes miežiai jau buvo išplaukėję, o linai žydėjo. Bet kviečiai ir speltai nebuvo nuniokoti, nes jie plaukėja vėliau".* Žala buvo dalinė.

Kruša ir ugnis nuniokojo visą Egipto žemę, išskyrus Gošeno kraštą, kur krušos nebuvo.

Dvasinė krušos rykštės prasmė

Paprastai krušos būna netikėtos ir neapima didelės teritorijos, bet iškrenta palyginti nedidelėse srityse.
Todėl krušos rykštė simbolizuoja didelius įvykius vienoje srityje, bet ne visose.
Kruša su ugnimi žudė žmones ir gyvulius. Daržovės laukuose buvo nuniokotos, nebuvo maisto. Tai dideli turtiniai nuostoliai dėl netikėtų nelaimingų atsitikimų.
Žmogus gali prarasti daug turto, kilus gaisrui jo darbe arba įmonėje. Šeimos nariai gali susirgti arba patekti į nelaimingą atsitikimą, ir jų priežiūra gali labai brangiai kainuoti.

Tarkime, kad ištikimas Viešpačiui žmogus taip įsitraukia į verslą, kad kartais sekmadienį nenueina į bažnyčią, o vėliau visai nebepaiso Viešpaties dienos.
Kai jis taip elgiasi, Dievas negali apsaugoti jo, ir jis susiduria su didele problema versle. Taip pat jis gali patekti į nelaimingą atsitikimą arba susirgti, ir tai jam brangiai kainuos. Šie įvykiai yra krušos rykštė.
Labai daug žmonių brangina savo turtą kaip gyvybę. Pirmame laiške Timotiejui 6, 10 pasakyta, kad visų blogybių šaknis yra meilė pinigams. Pinigų troškimas baigiasi žmogžudystėmis, apiplėšimais, pagrobimais, smurtu ir daugybe kitų nusikaltimų. Neretai dėl pinigų santykiai tarp brolių nutrūksta, ir kaimynai susipyksta. Pagrindinė konfliktų tarp valstybių priežastis taip pat yra materialinė nauda, nes joms reikia žemės ir išteklių.

Net kai kurie tikintieji negali atsispirti pinigų pagundai, todėl jie nešvenčia Viešpaties dienos arba neatneša visos dešimtinės. Jie negyvena, kaip dera krikščionims, todėl ima tolti nuo išganymo.

Kruša sunaikina daug maisto išteklių, todėl krušos rykštė simbolizuoja didelius turto, kurį žmonės brangina kaip savo gyvybę, nuostolius. Bet kaip kruša iškrenta tik kai kuriuose rajonuose, jie praranda ne visą savo turtą.

Tai taip pat rodo Dievo meilę. Jeigu netektume viso savo turto, visko, ką turime, ko gero palūžtume ar net nusižudytume. Todėl Dievas iš pradžių leidžia netekti tik dalies turto.

Nors tai tik dalis, bet jos netekimo pakanka, kad kai ką suprastume. Egipto krušoje didžiuliu greičiu krito ne maži, bet dideli ledo gabalai.

Net šiandien naujienų laidose girdime apie žmones gąsdinančias golfo kamuoliuko dydžio ledų krušas. Kruša, užklupusi Egiptą, buvo ypatingas Dievo darbas, ir krito su ugnimi. Tai buvo labai baisus reiškinys.

Krušos rykštė ištiko egiptiečius, nes faraonas darė nedorybę po nedorybės. Jeigu turime kietą ir užsispyrusią širdį, mes taip pat galime susilaukti tokios pat rykštės.

Skėrių rykštė

Medžiai ir daržovės nukentėjo nuo krušos, žuvo daug gyvulių

ir net žmonių. Pagaliau faraonas pripažino savo kaltę.

Tada faraonas pasišaukė Mozę su Aaronu ir tarė jiems: „Šį kartą aš kaltas. VIEŠPATS teisus, aš ir mano tauta esame nedori" (Išėjimo knyga 9, 27).

Faraonas paskubomis atgailavo ir prašė Mozės sustabdyti krušą.

Maldaukite VIEŠPATĮ! Gana jau Dievo griausmų ir krušos! Aš leisiu jums eiti. Nėra reikalo jums ilgiau pasilikti (Išėjimo knyga 9, 28).

Mozė žinojo, kad faraonas nepakeitė savo nusistatymo, bet liudydamas jam apie gyvąjį Dievą, kuris laiko visą pasaulį savo rankoje, pakėlė rankas į dangų.
Kaip Mozė ir tikėjosi, vos tik lietus, griaustinis ir kruša liovėsi, faraonas sulaužė savo pažadą. Kadangi jo atgaila buvo nenuoširdi, jis vėl sukietino savo širdį ir neišleido izraelitų.
Faraono tarnai taip pat sukietino savo širdis. Tuomet Mozė ir Aaronas pranešė jiems apie skėrių rykštę, kaip Dievas sakė, ir perspėjo, kad tai bus viena iš skaudžiausių rykščių, kokios pasaulyje dar nebuvo.

Jie taip apguls žemės paviršių, kad niekas nebegalės nė žemės matyti (Išėjimo knyga 10, 5).

Tada faraono tarnai išsigando ir pasakė savo karaliui: „*Leisk tiems žmonėms eiti pagarbinti VIEŠPATĮ, savo Dievą! Nejau dar nematai, kad Egiptas žūsta?* " (Išėjimo knyga 10, 7).

Išklausęs savo tarnus faraonas vėl pasišaukė Mozę ir Aaroną. Mozė pasakė, kad jie eis su savo jaunuoliais ir seneliais, sūnumis ir dukterimis, kaimenėmis ir bandomis, nes turi švęsti iškilmę VIEŠPATIES garbei. Faraonas pareiškė, kad Mozė ir Aaronas rengia piktybę ir išvarė juos.

Ir Dievas leido aštuntą rykštę, skėrių rykštę.

> *Tada VIEŠPATS tarė Mozei: „Ištiesk ranką viršum Egipto žemės, kad ją užpultų skėriai ir surytų visą augaliją krašte – visa, kas likę nuo ledų krušos"* (Išėjimo knyga 10, 12).

Kai Mozė padarė tai, ką Dievas liepė, Dievas sukėlė rytų vėją per visą dieną ir visą naktį viršum krašto ir, išaušus dienai, rytys jau buvo atnešęs skėrius.

Skėrių buvo tiek daug, kad visoje šalyje pasidarė tamsu. Jie surijo visus augalus, išlikusius nuo ledų krušos, Egipte neliko jokio žaliuojančio augalo.

> *Nusidėjau VIEŠPAČIUI, jūsų Dievui, ir jums. Prašau atleisti mano nuodėmę ir šį kartą! Maldauk VIEŠPATĮ, savo Dievą, kad bent nuo manęs atitolintų šią pragaištį* (Išėjimo knyga 10, 16-17).

Faraonas paskubomis pašaukė Mozę su Aaronu ir prašė sustabdyti rykštę.

Kai Mozė išėjo ir meldėsi Dievui, pakilo stiprus vakaris vėjas ir nupūtė visus skėrius į Raudonąją jūrą. Nė vieno skėrio nebeliko visoje Egipto žemėje, bet šį kartą faraonas sukietino savo širdį ir neišleido izraelitų.

Dvasinė skėrių rykštės prasmė

Skėrys yra nedidelis vabzdys, bet dideli jų pulkai nusiaubia augmeniją. Egiptas buvo akimirksniu skėrių nuniokotas.

> *Skėriai užplūdo visą Egipto kraštą ir apsėdo visą Egipto žemę; skėrių spiečius buvo toks tankus, kokio nei anksčiau nebuvo buvę, nei kada nors vėl bus. Jie taip apsėdo visą krašto paviršių, kad žemė pajuodo. Jie surijo visą laukų augaliją krašte bei visus medžių vaisius, išlikusius nuo ledų krušos. Visame Egipto krašte nebeliko nieko žaliuojančio – jokių medžių, jokių augalų laukuose* (Išėjimo knyga 10, 14-15).

Net šiandien panašūs skėrių antplūdžiai būna Afrikoje ir Indijoje. Skėrių spiečiai sudaro iki 40 km skersmens ir 8 km aukščio būrius. Šimtų milijonų skėrių debesys surija ne tik javus, bet ir visus kitus augalus; nepalieka jokios žaliuojančios augmenijos.

Kai kas buvo išlikę po krušos rykštės. Kviečiai ir speltai nebuvo nuniokoti, nes jie plaukėja vėliau. Taip pat kai kurie faraono tarnai pabūgo Dievo žodžio, suvarė savo vergus ir galvijus į pastoges ir išgelbėjo juos nuo mirties.

Skėriai gali pasirodyti nelabai baisūs, bet jie padarė daug daugiau žalos negu kruša. Jie surijo viską, kas buvo likę.

Skėrių rykštė reiškia nelaimes, kurios sunaikina viską, atima visus turtus ir sveikatą. Jos nusiaubia ne tik šeimą bet ir darbą ar verslą.

Skirtingai nuo krušos rykštės, darančios dalinę žalą, skėrių rykštė sunaikina viską ir atima visus pinigus. Kitaip sakant, tai reiškia visišką finansinį krachą.

Pavyzdžiui, dėl bankroto žmogus praranda visą savo turtą ir turi būti atskirtas nuo savo šeimos narių. Taip pat dėl sunkios ir ilgos ligos galima netekti viso turto. Kiti gali prasiskolinti, kai jų vaikai pasuka klystkeliais.

Kai kurie žmonės, susidūrę su nuolatinėmis nelaimėmis, mano, kad tai tik kažkoks atsitiktinumas, bet atsitiktinumų nėra Dievo akyse. Kai žmogus patiria nuostolių arba suserga, tai turi priežastį.

Ką reiškia tikinčiųjų patiriamos nelaimės? Kai jie išgirsta Dievo žodį ir sužino Jo valią, turi laikytis Dievo žodžio. Tačiau jeigu jie elgiasi kaip netikintieji, neišvengs rykščių.

Jeigu jie nesupras Dievo ženklų, rodomų jiems ne kartą, Dievas nusisuks nuo jų. Tuomet liga gali tapti maru arba votys pratrūkti. Paskui jie susilauks krušos ir skėrių rykščių.

Tačiau išmintingieji supras, kad Dievo meilė leidžia jiems pamatyti savo kaltes, susidūrus su nedidelėmis nelaimėmis. Jie nedelsdami atgailaus ir išvengs skaudesnių rykščių.

Papasakosiu tikrus įvykius. Vienas žmogus kentėjo nuo didžiulių sunkumų, nes vieną kartą užrūstino Dievą. Netikėtas gaisras paskandino jį milžiniškose skolose. Jo žmona, nebepakeldama kreditorių spaudimo, bandė nusižudyti. Tuo metu jie sužinojo apie Dievą ir pradėjo lankyti bažnyčią.

Pasitarę su manimi, jie pakluso Dievo žodžiui ir meldėsi. Jie patiko Dievui, darydami savanoriškus darbus bažnyčioje. Paskui jų problemos buvo išspręstos viena po kitos, ir kreditoriai jų nebepersekiojo, kadangi jie sumokėjo visas skolas. Jie net pasistatė komercinį pastatą ir nusipirko namą.

Išbridę iš sunkumų ir susilaukę palaiminimų, deja, jie pakeitė savo širdies nusistatymą. Jie pamiršo Dievo malonę ir vėl tapo netikinčiaisiais.

Vieną dieną potvynis stipriai apgriovė vyro komercinį pastatą. Paskui kilo gaisras, ir jie vėl viską prarado. Jiems teko grįžti į gimtąjį kaimą dėl didžiulių skolų. Vyras susirgo diabetu su komplikacijomis.

Kaip ir minėtu atveju, jeigu liekame be nieko išnaudoję visus būdus, įdėję visas savo žinias ir išmintį, turime kreiptis į Dievą su nuolankia širdimi. Kai ištirsime save Dievo žodžio šviesoje, atgailausime už savo nuodėmes ir paliksime jas, atgausime tai, ko netekome.

Jeigu turime tikėjimą ateiti pas Dievą ir atiduoti visus reikalus į Jo rankas, mylintis Dievas, kuris nenulauš palūžusios nendrės, atleis mums ir atgaivins mus. Jeigu atsiversime ir gyvensime tiesoje, Dievas vėl nuves mus į klestėjimą ir suteiks dar didesnių palaiminimų.

6 skyrius

Tamsos ir pirmagimių mirties rykštės

Išėjimo knyga 10, 22 – 12, 36

Taigi Mozė ištiesė ranką dangaus link, ir visiška tamsa tris dienas gaubė visą Egipto kraštą. Žmonės negalėjo vieni kitų matyti ir per tris dienas pasijudinti iš vietos, bet ten, kur gyveno izraelitai, buvo šviesu (10, 22-23).
Vidurnaktį VIEŠPATS užmušė visus Egipto krašto pirmagimius – nuo soste sėdinčio faraono pirmagimio ligi kalėjime esančio kalinio pirmagimio – ir visus gyvulių pirmagimius. Naktį atsikėlė faraonas – jis ir jo pareigūnai, ir visi egiptiečiai. Egipte buvo girdėti didelis klyksmas, nes nebuvo namų, kuriuose nebūtų buvę numirėlio (12, 29-30).

Biblija pasakoja, kaip susidūrę su sunkumais daug žmonių atgailavo prieš Dievą ir gavo jo pagalbą.

Dievas nusiuntė savo pranašą pas Judo karalių Ezekiją ir pasakė: „Tu mirsi, nebepasveiksi". Bet karalius nuoširdžiai meldėsi su ašaromis, ir jo gyvenimas buvo pratęstas.

Ninevė buvo priešiškos Izraeliui šalies Asirijos sostinė. Kai jos gyventojai išgirdo Dievo žodį per Jo pranašą, nuoširdžiai atgailavo už savo nuodėmes ir nebuvo sunaikinti.

Dievas pasigaili žmonių, kurie atsiverčia. Jis ieško trokštančių Jo malonės ir apipila juos savo malone.

Faraonas kentėjo nuo įvairių rykščių dėl savo nedorybės, bet neatsivertė iki galo. Kuo labiau jis kietino savo širdį, tuo baisesnės rykštės krito ant jo.

Tamsos rykštė

Kai kurie žmonės sako, kad nebegyventų, jeigu pralaimėtų. Jie tiki savo jėgomis. Faraonas buvo tokio tipo žmogus. Jis laikė save dievu, todėl nenorėjo pripažinti Dievo.

Net matydamas nuniokotą visą Egipto šalį, jis neišleido izraelitų. Jis elgėsi taip, lyg varžytųsi su Dievu. Tuomet Dievas leido tamsos rykštę.

Taigi Mozė ištiesė ranką dangaus link, ir visiška tamsa tris dienas gaubė visą Egipto kraštą. Žmonės negalėjo vieni kitų matyti ir per tris dienas pasijudinti iš vietos, bet ten, kur gyveno izraelitai, buvo šviesu (Išėjimo knyga 10, 22-23).

Tamsa buvo tokia tiršta, kad jie nematė vienas kito. Niekas negalėjo pasijudinti iš vietos tris dienas. Kas galėtų apsakyti visą jų baimę ir nerimą per šia tris dienas?

Tiršta tamsa gaubė visą Egipto kraštą, ir žmonės vaikščiojo aklai, bet Gošeno krašte, kur gyveno izraelitai, buvo šviesu.

Faraonas pašaukė Mozę ir pasakė, kad išleis izraelitus, bet liepė Mozei palikti kaimenes ir bandas, o pasiimti tik sūnus ir dukteris. Iš tiesų taip jis ketino sulaikyti izraelitus.

Tačiau Mozė atsakė, kad jiems reikia galvijų paaukoti Dievui, ir jie negali jų palikti, nes nežino kuriuos iš jų reikės paaukoti Dievui.

Faraonas supyko ir pagrasino Mozei: „Saugokis pamatyti mano veidą, nes tą dieną, kai pamatysi mano veidą, mirsi!"

Mozė drąsiai atsakė: „Tebūna, kaip sakai! Aš tavo veido niekad daugiau nebematysiu!" ir išėjo.

Dvasinė tamsos rykštės prasmė

Dvasinė tamsos rykštės prasmė yra dvasinė tamsa ir reiškia rykštę, ištinkančią prieš pat mirtį.

Tai atvejis, kai liga taip pasunkėja, kad žmogus nebegali pasveikti. Tai labai baisi neganda, kuri ištinka tuos, kas neatgailauja net praradę visus savo turtus, kuriuos brangina kaip savo gyvybę.

Tai buvimas prie mirties slenksčio, kaip stovėjimas ant bedugnės krašto visiškoje tamsoje, neturint nė menkiausios galimybės išvengti mirtinai pavojingos padėties. Dvasiškai tai reiškia, kad žmogus paliko Dievą ir visiškai apleido savo tikėjimą, Dievo malonė atimta iš jo, ir jo dvasinis gyvenimas baigiasi. Bet Dievui vis dar gaila jo ir Jis neatima jam gyvybės.

Netikintieji gali atsidurti tokioje padėtyje todėl, kad nepriėmė Dievo, net nukentėję nuo daugybės skaudžių ir mirtinai pavojingų nelaimių. Tikintiesiems taip atsitinka tuomet, kai jie nepaiso Dievo žodžio ir įsakymų, bet kaupia nedorybes, darydami piktus darbus vieną po kito

Dažnai išgirstame, kad kai kurie žmonės išleido didžiulius pinigus, bandydami išsigydyti iš savo ligų, bet vis tiek neišvengė greitos mirties. Tai žmonės, kuriuos ištiko tamsos rykštė.

Jie taip pat kenčia nuo nervų sutrikimų, pavyzdžiui, depresijos, nemigos ir nervinio išsekimo. Jie jaučiasi bejėgiai sunkumuose, kuriuos nuolat patiria savo kasdieniniame gyvenime.

Jeigu jie supranta savo kaltę, atgailauja ir palieka savo nedorybes, Dievas pasigaili jų ir patraukia pražūtingas kančias.

Tačiau faraono atveju, jis net dar labiau sukietino savo širdį ir kovojo prieš Dievą iki galo. Tas pats ir šiandien. Kai kurie užsispyrę žmonės neateina pas Dievą, kad ir kokioje sunkioje padėtyje atsidurtų. Kai jie arba jų šeimos nariai suserga labai sunkia liga, praranda visą savo turtą ir gyvena visiškame varge ir skurde, jie vis tiek nenori atgailauti prieš Dievą.

Jeigu mes atkakliai maištausime prieš Dievą, net patirdami daugybę nelaimių, galiausiai susilauksime mirties rykštės.

Pirmagimių mirties rykštė

Dievas pasakė Mozei, kas paskui atsitiks.

> *Dar vieną rykštę siųsiu faraonui ir Egiptui. Po to jis išleis jus iš čia. Iš tikrųjų, leisdamas jums išeiti, jis iš čia jus varyte išvarys! Nurodyk žmonėms, kad pasiprašytų kiekvienas vyras iš savo kaimyno ir kiekviena moteris iš savo kaimynės sidabrinių ir auksinių daiktų* (Išėjimo knyga 11, 1-2).

Mozė atsidūrė padėtyje, kai galėjo būti nužudytas, jeigu vėl pasirodys faraonui, bet jis stojo prieš jį ir perdavė Dievo valią.

> *Egipto krašte mirs visi pirmagimiai, nuo faraono, sėdinčio savo soste, pirmagimio ligi vergės, esančios prie girnų, pirmagimio, ir visi galvijų pirmagimiai. Tada visame Egipte kils toks didelis klyksmas, kokio niekada nėra nei buvę, nei kada nors bus* (Išėjimo knyga 11, 5-6).

Kaip buvo pasakyta, naktį mirė visi pirmagimiai, ne tik faraono, bet ir visų Egipte, įskaitant galvijų pirmagimius.

Visame Egipte kilo didelis klyksmas, nes nebuvo namų, kuriuose nebūtų gimę pirmagimiai. Faraonas galutinai sukietino savo širdį ir neatsivertė, todėl galiausiai mirties rykštė krito ant Egipto.

Dvasinė pirmagimių mirties rykštės prasmė

Pirmagimių mirties rykštė reiškia padėtį, kai žmogus ar jo labai mylimas asmuo, vaikas ar kitas šeimos narys, miršta arba pasuka visiškos pražūties keliu ir nebegali būti išgelbėtas.

Toks įvykis aprašytas ir Biblijoje. Pirmasis Izraelio karalius Saulius nepaklausė Dievo, kuris liepė jam sunaikinti viską Amaleko karalystėje. Taip pat jis rodė savo puikybę, pats atnašaudamas suką Dievui, nors tiki kunigai galėjo tai daryti. Galiausiai jis buvo Dievo apleistas.

Užuot pripažinęs savo nuodėmes ir atgailavęs, jis bandė nužudyti savo ištikimą tarną Dovydą. Tauta džiaugėsi Dovydu, todėl Saulius įsileido piktą mintį, kad Dovydas sukils prieš jį.

Net kai Dovydas grojo jam arfa, Saulius sviedė ietį, norėdamas jį nužudyti. Jis pasiuntė Dovydą į mūšį, kurio buvo neįmanoma laimėti. Saulius net pasiuntė kareivius į Dovydo namus, kad jį nužudytų.

Saulius net nužudė Dievo kunigus vien už tai, kad jie padėjo

Dovydui. Saulius padarė daug piktų darbų. Galiausiai jis pralaimėjo mūšį ir gėdingai mirė. Jis pakėlė ranką prieš save.

O kaip kunigas Elis ir jo sūnūs? Elis buvo Izraelio kunigas teisėjų laikais, bet jo sūnūs Hofnis ir Finehasas buvo niekšai, nepažįstantys Dievo (Samuelio pirma knyga 2, 12).

Jų tėvas buvo kunigas, todėl jie taip pat turėjo tarnauti Dievui, bet jie niekino aukojimą Dievui. Jie imdavo mėsą sau, prieš paaukojant ją Dievui, ir gulėdavo su moterimis, tarnaujančiomis prie įėjimo į Susitikimo Palapinę.

Jeigu vaikai eina blogu keliu, tėvai turi perspėti juos, ir jeigu šie neklauso, imtis griežtesnių priemonių. Tai tėvų pareiga ir tikra meilė. Tačiau kunigas Elis tik sakydavo: „Kodėl darote tokius dalykus? Nedarykite".

Jo sūnūs nepaliko savo nuodėmių, ir prakeikimas krito ant jo šeimos. Abu jo sūnūs žuvo mūšyje.

Išgirdęs šią naujieną Elis virto aukštielninkas iš savo krėslo, nusilaužė sprandą ir numirė. Jo marti, taip pat nuo sukrėtimo, per anksti gimdydama numirė.

Vien iš šių atvejų aišku, kad prakeikimai arba tragiškos mirtys neištinka be priežasties.

Kai žmogus gyvena, nepaklusdamas Dievo žodžiui, jis arba kuris nors iš jo šeimos narių numiršta. Kai kurie žmonės sugrįžta pas Dievą, tik pamatęs tokias mirtis.

Neatgailaujantieji net po pirmagimių mirties rykštės niekada nebus išgelbėti, tai baisiausia rykštė. Todėl prieš bet kokią rykštę, ir net jai ištikus, turite atgailauti, kol nevėlu.

Faraono atveju, tik iškentęs visas dešimt rykščių jis pripažino Dievą iš baimės ir išleido Izraelio tautą.

> *Naktį jis [faraonas] pasišaukė Mozę ir Aaroną ir tarė: „Tučtuojau palikite mano žemes – judu ir izraelitai su jumis! Eikite ir garbinkite VIEŠPATĮ, kaip sakėte. Varykitės ir savo kaimenes, ir savo bandas, kaip reikalavote. Nešdinkitės! Ir palaiminkite mane!"* (Išėjimo knyga 12, 31-32).

Per Dešimt rykščių faraonas aiškiai parodė savo sukietintą širdį ir buvo priverstas išleisti izraelitus. Tačiau jis labai greitai pasigailėjo savo sprendimo. Jis vėl persigalvojo ir pakeitė savo sprendimą. Jis pasiėmė visą savo kariuomenę su visais Egipto kovos vežimais ir puolė vytis izraelitus.

> *Tada faraonas įsakė pakinkyti kovos vežimą ir pasiėmė su savimi kariuomenės; pasiėmė šešis šimtus rinktinių kovos vežimų, visus Egipto kovos vežimus su galiūnais kiekviename. VIEŠPATS sukietino faraono, Egipto karaliaus, širdį, ir jis vijosi izraelitus. Izraelitai drąsiai žygiavo tolyn* (Išėjimo knyga 14, 6-8).

Faraonas pasielgė gerai, paklusdamas Dievui po to, kai patyrė visų pirmagimių mirtį, bet labai greitai ėmė gailėtis, išsiuntęs izraelitus. Jis pasiėmė savo kariuomenę ir vijosi juos. Tai rodo, kokia kieta klastinga gali būti žmogaus širdis. Galų gale Dievas nebeatleido jam ir neturėdamas kito pasirinkimo leido jiems visiems žūti Raudonojoje jūroje.

> *Tada VIEŠPATS paliepė Mozei: „Ištiesk ranką viršum jūros, kad vandenys sugrįžtų ant egiptiečių, jų kovos vežimų ir vežėjų!" Mozė ištiesė ranką viršum jūros. Auštant jūra ėmė grįžti į savo įprastą vietą, ir egiptiečiai bėgo nuo jos. Bet VIEŠPATS nubloškė juos į jūrą. Vandenys sugrįžo ir paskandino jūroje kovos vežimus ir vežėjus – visą faraono kariuomenę, žygiavusią paskui izraelitus. Nė vienas jų neišsigelbėjo* (Išėjimo knyga 14, 26-28).

Ir šiandien nedorėliai maldauja pasigailėti, patekę bėdon, bet gavę šansą pasikeisti, sugrįžta prie pikto. Toliau darydami nedorybes, jie galiausiai susilauks mirties.

Nepaklusnus gyvenimas ir paklusnumas

Turime aiškiai suprasti vieną svarbų dalyką: kai pasielgiame blogai ir suprantame tai, turime nebedaryti nedorybių, bet eiti teisumo keliu.

Petro pirmas laiškas 5, 8-9 sako: *„Būkite blaivūs, budėkite! Jūsų priešas velnias kaip riaumojantis liūtas slankioja* *aplinkui, tykodamas ką praryti. Pasipriešinkite jam tvirtu tikėjimu, žinodami, kad tokius pat kentėjimus tenka iškęsti jūsų broliams visame pasaulyje".*

Jono pirmame laiške 5, 18 parašyta: *„Mes žinome, jog kiekvienas gimusis iš Dievo nedaro nuodėmių, bet Dievo Pagimdytasis saugo jį, ir piktasis jo nepaliečia".*

Jeigu nedarome nuodėmių ir gyvename tik pagal Dievo žodį, Viešpats apsaugo mus savo liepsnojančiu žvilgsniu, ir mums nereikia dėl nieko rūpintis.

Aplinkui matome žmones, patiriančius įvairių nelaimių, bet jie net nesupranta, kodėl patiria tiek sunkumų. Taip pat kai kurie tikintieji patiria daug bėdų.

Vieni susilaukia kraujo arba uodų rykščių, kiti – krušos arba skėrių. Dar kiti susilaukia pirmagimių mirties rykštės ir galiausiai palaidojimo vandenyje.

Todėl turime gyventi ne nepaklusnume kaip faraonas, bet paklusnų gyvenimą, kad netektų kentėti nuo nė vienos iš minėtų rykščių.

Net jeigu patenkame į padėtį, kai nebegalime išvengti pirmagimių mirties arba tamsos rykštės, galime gauti atleidimą, jeigu atgailaujame ir nedelsdami paliekame nuodėmę. Kaip ir Egipto kariuomenei, kuri buvo palaidota Raudonojoje jūroje, jeigu mes ilgai delsime ir neatsiversime, ateis laikas, kai mums bus per vėlu.

Apie *paklusnumą*

Bet jei ištikimai klausysi VIEŠPATIES, savo Dievo, balso, uoliai vykdydamas visus jo įsakymus, kuriuos šiandien tau duodu, VIEŠPATS, tavo Dievas, išaukštins tave virš visų žemės tautų. Jei klausysi VIEŠPATIES, savo Dievo, balso, tave pasieks ir užlies visi šie palaiminimai: Palaimintas būsi mieste, palaimintas būsi kaime! Palaimintas bus tavo įsčių, tavo žemės ir tavo gyvulių vaisius, bandos ir kaimenės prieauglis. Palaiminta bus tavo pintinė ir tavo duoninė! Palaimintas būsi pareidamas, palaimintas būsi išeidamas!
(Pakartoto Įstatymo knyga 28, 1-6).

7 skyrius

Praėjimo auka ir išganymo kelias

Išėjimo knyga 12, 1-28

VIEŠPATS tarė Mozei ir Aaronui Egipto žemėje: „Šis mėnuo jums žymės mėnesių pradžią; jis bus jums pirmas metų mėnuo. Sakykite visai Izraelio bendrijai, kad šio mėnesio dešimtą dieną kiekvienas jų teparūpina savo šeimai avinėlį – vieną avinėlį šeimai" (1-3).

„Laikysite jį iki šio mėnesio keturioliktos dienos, tada jis turi būti papjautas vakare, dalyvaujant visai susirinkusiai Izraelio bendrijai. Paėmę jo kraujo, jie paženklins juo abi durų staktas ir sąramą tų namų, kur jis bus valgomas. Avinėlis turi būti valgomas tą pačią naktį; jis bus iškeptas ant ugnies ir valgomas su neraugintai duona bei karčiosiomis žolėmis. Nevalgysite iš jo nieko nei žalio, nei virto vandenyje, bet valgysite keptą ant ugnies – galvą, kojas ir vidurius. Nepaliksite iš jo nieko iki ryto; jei kas iš jo liktų iki ryto, sudeginsite. Jį turėsite valgyti taip: susijuosę juosmenį, apsiavę kojas ir su lazda rankoje; valgysite jį paskubomis. Tai VIEŠPATIES Pascha" (6-11).

Faraonas ir jo tarnai toliau gyveno, atkakliai nepaklusdami Dievo žodžiui.

Tokio gyvenimo pasekmės buvo nedidelės rykštės visame Egipto krašte. Toliau nepaklusdami jie susirgo įvairiomis ligomis, prarado savo turtus ir galiausiai gyvybes.

Priešingai, net gyvendami toje pačioje Egipto šalyje, išrinktieji izraelitai nenukentėjo nė nuo vienos iš rykščių.

Kai Dievas ištiko Egiptą paskutiniąja rykšte, gyvybė nebuvo atimta nė vienam iš izraelitų, nes Dievas parodė Izraelio tautai išgelbėjimo kelią.

Jis buvo skirtas ne tik Izraelio tautai prieš daug tūkstančių metų, mes kviečiami eiti tuo pačiu keliu ir šiandien.

Kaip išvengti pirmagimių mirties rykštės

Prieš pirmagimių mirties rykštei ištinkant Egiptą, Dievas pasakė izraelitams, kaip išvengti šios rykštės.

> *Sakykite visai Izraelio bendrijai, kad šio mėnesio dešimtą dieną kiekvienas jų teparūpina savo šeimai avinėlį – vieną avinėlį šeimai* (Išėjimo knyga 12, 3).

Pradedant kraujo ir baigiant tamsos rykštėmis, nors Izraelio tautos žmonės patys nieko nedarė jų metu, Dievas apsaugojo juos savo galia. Tačiau prieš paskutiniąją rykštę, Dievas norėjo Izraelio tautos paklusnumo darbų.

Reikėjo pasirūpinti avinėliu, paženklinti jo krauju abi namų durų staktas bei sąramą ir valgyti jį keptą ant ugnies namuose. Tai buvo ženklas, žymintis Dievo žmones, kai Dievas žudė visų žmonių ir gyvulių pirmagimius Egipte.

Paskutinė rykštė praėjo, aplenkdama namus paženklintus avinėlio krauju, todėl žydai iki šiol švenčia Praėjimo šventę arba Paschą, minėdami savo išgelbėjimo dieną.

Praėjimas, Pascha arba žydų Velykos yra didžiausia judėjų šventė. Jie valgo ėriuką, neraugintą duoną ir karčiąsias žoles, švęsdami šią dieną. Daugiau apie tai sužinosite 8-ame skyriuje.

Parūpinti avinėlį

Dievas liepė jiems savo šeimai parūpinti po avinėlį, nes dvasiškai jis reiškia Jėzų Kristų.

Tikintieji į Dievą dažnai vadinami Jo avimis. Daug žmonių galvoja, kad avinėlis reiškia naujatikį, bet Biblija sako, kad avinėlis simbolizuoja Jėzų Kristų.

Evangelijoje pagal Joną 1, 29 Jonas Krikštytojas pasakė, rodydamas į Jėzų: *„Štai Dievo Avinėlis, kuris naikina pasaulio nuodėmę!"* Petro pirmame laiške 1, 18-19 parašyta: *„Juk jūs žinote, kad esate atpirkti nuo niekingos iš protėvių paveldėtos elgsenos ne nykstančiais turtais, sidabru ar auksu, bet brangiuoju krauju Kristaus, to avinėlio be kliaudos ir dėmės".*

Jėzaus būdas ir darbai primena švelnų avinėlį. Evangelijoje

pagal Matą 12, 19-20 parašyta: *"Jis nesiginčys, nešauks, ir negirdės niekas gatvėse jo balso. Jis nenulauš palūžusios nendrės ir neužgesins gruzdančio dagčio, kol nenuves į pergalę teisingumo".*

Kaip avys klauso tik savo ganytojo balso ir seka paskui jį, Jėzus pakluso Dievui, visada tardamas tik „Taip" ir „Amen" (Apreiškimas Jonui 3, 14). Jis norėjo įvykdyti Dievo valią iki mirties ant kryžiaus (Evangelija pagal Luką 22, 42).

Avys duoda mums kailį, labai maistingą pieną ir mėsą. Panašiai Jėzus, paaukotas atperkamąja auka mūsų sutaikymui su Dievu, išliejo visą savo kraują ir vandenį ant kryžiaus.

Daug Biblijos vietų lygina Jėzų su avinėliu. Kai Dievas davė izraelitams Paschos nurodymus, Jis pasakė jiems, kaip jie turės valgyti avinėlį.

> *Jei šeima visam avinėliui per maža, tesideda ji prie artimiausio kaimyno, kad įsigytų avinėlį, ir tesidalija juo, atsižvelgdama į skaičių asmenų, kurie turės jį valgyti. Jūsų avinėlis turi būti be trūkumo, vienerių metų patinėlis; galite jį paimti iš avių ar iš ožkų* (Išėjimo knyga 12, 4-5).

Jeigu šeima buvo per maža, kad suvalgytų visą avinėlį, galėjo prisidėti prie artimiausio kaimyno, kad galėtų kartu valgyti avies ar ožkos jauniklį. Kupinas malonės ir gailestingumo Dievas taip rodė žmonėms savo švelnią meilę.

Dievas liepė jiems paimti vienerių metų patinėlį be trūkumo todėl, kad jo mėsa skaniausia, nes jis dar nesiporavęs. Ir žmonės jaunystėje būna patys gražiausi ir švariausi.

Dievas yra šventas, be dėmės ar ydos, todėl Jis liepė paimti vienerių metų avinėlį be trūkumo.

Paženklinti krauju ir neiti į lauką iki ryto

Dievas pasakė, kad jie turi parūpinti po avinėlį šeimai pagal jos narių skaičių. Išėjimo knygoje 12, 6 sužinome, kad jie turėjo papjauti avinėlį ne iš karto, bet, palaikius keturias dienas, papjauti vakare. Dievas davė jiems laiko pasiruošti vakarienei, kad jų širdys būtų tyros.

Kodėl Dievas liepė jiems papjauti avinėlį vakare?

Žmonijos ugdymas, kuris prasidėjo nuo Adomo nepaklusimo, gali būti suskirstytas į tris dalis. Nuo Adomo iki Abraomo praėjo apie 2000 metų, tai pradinis žmonijos ugdymo laikotarpis. Palyginti su viena diena, tai būtų rytas.

Paskui Dievas paskyrė Abraomą tikėjimo tėvu, ir nuo Abraomo laikų iki Jėzaus atėjimo į šią žemę taip pat praėjo apie 2000 metų. Šis laikotarpis buvo kaip diena.

Nuo Jėzaus atėjimo į žemę iki šios dienos taip pat praėjo apie 2000 metų. Tai žmonijos ugdymo paskutinieji laikai arba dienos vakaras (Jono pirmas laiškas 2, 18; Judo laiškas 1, 18; Laiškas hebrajams 1, 2; Petro pirmas laiškas 1, 5; 20).

Laikas, kai Jėzus atėjo į šią žemę ir atpirko mūsų nuodėmes savo mirtimi ant kryžiaus, priklauso paskutiniajai žmonijos ugdymo erai, todėl Dievas liepė jiems papjauti avinėlį vakare, bet ne dieną.

Paskui žmonės turėjo paženklinti avinėlio krauju abi durų staktas ir skersinį (Išėjimo knyga 12, 7). Avinėlio kraujas dvasiškai reiškia Jėzaus Kristaus kraują. Dievas liepė jiems paženklinti avinėlio krauju abi durų staktas ir skersinį, nes mes esame išgelbėti Jėzaus krauju. Praliejęs savo kraują ir numiręs ant kryžiaus, Jėzus atpirko mus iš mūsų nuodėmių ir išgelbėjo mūsų gyvybę; tai dvasinė avinėlio kraujo reikšmė.

Kraujas, atperkantis mūsų nuodėmes, yra šventas, todėl izraelitai turėjo ženklinti avinėlio krauju ne slenkstį, kurį žmonės mindo, bet tik durų staktas ir skersinį. Jėzus sakė: *„Aš esu vartai. Jei kas eis per mane, bus išgelbėtas. Jis įeis ir išeis ir ganyklą sau ras"* (Evangelija pagal Joną 10, 9). Kaip buvo pasakyta, pirmagimių mirties rykštės naktį, visuose namuose, nepaženklintuose krauju, mirė pirmagimiai, bet krauju paženklintuose namuose niekas nemirė.

Tačiau net paženklinus namus avinėlio krauju, išėjusieji laukan negalėjo išsigelbėti (Išėjimo knyga 12, 22). Jeigu išeitų pro duris, tai reikštų, kad jie neturi nieko bendro su Dievo sandora, ir jų pirmagimiai numirtų.

Dvasiškai, laukas už durų simbolizuoja tamsą, neturinčią nieko bendro su Dievu. Tai netiesos pasaulis. Lygiai taip pat ir šiandien, ne priėmę Viešpatį nebūsime išganyti, jeigu paliksime Jį.

Iškepti avinėlį ir suvalgyti jį visą

Pirmagimiai mirė egiptiečių namuose, ir kilo didžiulis klyksmas. Pradedant faraonu, kuris visai nebijojo Dievo net po tiek daug galingų Dievo darbų, parodytų visiems egiptiečiams, garsus klyksmas nutraukė tamsios nakties tylą.
Tačiau izraelitai neišėjo pro duris iki ryto. Tie valgė avinėlį pagal Dievo žodį. Kodėl jie turėjo valgyti ėrieną naktį? Čia slypi gili dvasinė prasmė.

Adomas, prieš valgydamas nuo gero ir pikto pažinimo medžio, gyveno Dievo, kuris yra šviesa, valdomas, bet nuo tos akimirkos, kai nepakluso ir valgė uždrausto vaisiaus, jis tapo nuodėmės vergu. Todėl visi jo palikuonys, visa žmonija, atsidūrė priešo velnio ir šėtono, tamsos valdovo, valdžioje. Šis pasaulis priklauso tamsai arba nakčiai.
Kaip žydai turėjo valgyti avinėlį naktį, mes, būdami dvasiškai gyvi tamsos pasaulyje, turime valgyti Žmogaus Sūnaus kūną, Dievo žodį – Šviesą, ir gerti Jo kraują, kad būtume išgelbėti. Dievas pasakė jiems valgyti avinėlį su nerauginta duona ir karčiosiomis žolėmis (Išėjimo knyga 12, 8).

Mielės yra grybelis, naudojamas tešlai kildinti, jų fermentai daro duoną skanesnę ir minkštesnę. Nerauginta duona turi prastesnį skonį negu rauginta.

Ta naktis buvo žydų gyvybės ir mirties klausimas, todėl Dievas liepė jiems valgyti avinėlį su prasto skonio nerauginta duona ir karčiosiomis žolėmis, kad jie atsimintų tą dieną.

Dvasine prasme mielės taip pat reiškia nuodėmes ir pikta. Todėl neraugintos duonos, be mielių, valgymas reiškia, kad turime atsikratyti nuodėmių ir pikto, kad mūsų gyvybė būtų išgelbėta.

Dievas liepė kepti avinėlį ant ugnies, nevalgyti žalio ar virto vandenyje. Taip pat liepė suvalgyti jį visą: galvą, kojas ir vidurius (Išėjimo knyga 12, 9).

„Valgyti žalią" čia reiškia aiškinti Dievo žodį pažodžiui.

Evangelija pagal Matą 6, 6 sako: *„Kai tu panorėsi melstis, eik į savo kambarėlį ir užsirakinęs melskis savo Tėvui, esančiam slaptoje, o tavo Tėvas, regintis slaptoje, tau atlygins".* Jeigu suprasime pažodžiui, turime eiti į savo kambarėlį, užsirakinti ir melstis. Tačiau Biblijoje nėra nė vieno pasakojimo apie kokį nors Dievo žmogų, kuris melstųsi savo kambarėlyje užsirakinęs.

Dvasiškai „eiti į savo kambarėlį ir melstis" reiškia, kad turime neturėti jokių tuščių minčių ir melstis iš visos širdies.

Jeigu valgome žalią mėsą, galime apsikrėsti parazitais arba patirti pilvo skausmą. Jeigu aiškiname Dievo žodį paraidžiui, galime klaidingai jį suprasti ir prisidaryti bėdų. Tuomet neturime dvasinio tikėjimo ir galime net nutolti nuo išganymo.

„Virti vandenyje" reiškia „pridėti filosofijos, mokslo, medicinos žinių ir žmogaus minčių prie Dievo žodžio". Kai verdame mėsą vandenyje, mėsos sultys išbėga, ir ji netenka daug maistingų medžiagų. Kai pridedame šios pasaulio žinių prie tiesos žodžio, galime įgyti žinių tikėjimo klausimais, bet ne dvasinį tikėjimą. Žinios nenuves į išganymą.

Ką reiškia avinėlio kepimas ant ugnies?
„Ugnis" čia reiškia Šventosios Dvasios ugnį. Kitaip tariant, Dievo žodis buvo parašytas Šventosios Dvasios įkvėpimu, ir kai girdime ar skaitome jį, turime daryti tai Šventosios Dvasios pilnatvėje ir įkvėpime. Kitaip jis bus tik žinios ir netaps mūsų dvasine duona.

Norėdami valgyti Dievo žodį, keptą ant ugnies, turime karštai melstis. Malda yra kaip aliejus, suteikiantis mums Šventosios Dvasios pilnatvę. Kai priimame Dievo žodį su Šventosios Dvasios įkvėpimu, jis būna saldesnis už medų. Tai reiškia, kad klausome Dievo žodžio trokštančia širdimi, kaip elnė trokšta tekančio vandens. Tuomet Dievo žodžio klausymo laikas mums labai brangus, ir niekada nebūna nuobodu.

Kai klausome Dievo žodžio, naudodamiesi žmonių mintimis, patirtimi ir žiniomis, nesuprantame daug dalykų.

Pavyzdžiui, Dievas sako mums atsukti ir kitą skruostą tam, kas užgauna mus per vieną skruostą, atiduoti ir apsiaustą prašančiajam mūsų marškinių, ir nueiti dvi mylias su verčiančiu mus eiti su juo vieną mylią. Daug kas mano, kad keršyti teisinga, bet Dievas liepia mylėti priešus, nusižeminti ir tarnauti kitiems (Evangelija pagal Matą 5, 39-44).

Todėl turime atmesti savo žmogiškas mintis ir priimti Dievo žodį tik su Šventosios Dvasios įkvėpimu. Tik tuomet Dievo žodis bus mūsų gyvenimas ir stiprybė, mes pajėgsime atmesti melą ir būsime vedami amžinojo gyvenimo keliu.

Kepta ant ugnies mėsa skanesnė, ir kepimas padeda išvengti infekcijos. Lygiai taip pat priešas velnias ir šėtonas, negali pakenkti tiems, kas priima Dievo žodį dvasiškai jausdami, kad jis saldesnis už medų.

Be to, Dievas liepė jiems suvalgyti avinėlio galvą, kojas ir vidurius. Tai reiškia, kad turime priimti visas 66 Biblijos knygas, nepraleisdami nė vienos iš jų.

Biblija apreiškia sukūrimo šaltinį ir žmonijos ugdymo apvaizdą. Ji moko, kaip tapti ištikimais Dievo vaikais. Joje apreikšta išganymo apvaizda, kuri buvo paslėpta prieš laiko pradžią. Biblijoje apreikšta Dievo valia.

Todėl „valgyti galvą, kojas ir vidurius" reiškia priimti visą Bibliją nuo Pradžios knygos iki Apreiškimo Jonui.

Nepalikti nieko iki ryto, valgyti paskubomis

Izraelio tauta valgė avinėlį keptą ant ugnies savo namuose ir nieko nepaliko iki ryto, nes Išėjimo knyga 12, 10 sako: *„Nepaliksite iš jo nieko iki ryto; jei kas iš jo liktų iki ryto,* *sudeginsite".*

Rytą tamsa traukiasi ir šviesa ateina. Dvasiškai tai reiškia Viešpaties antrojo atėjimo laiką. Po Jo sugrįžimo mes negalėsime pasiimti aliejaus (Evangelija pagal Matą 25, 1-13), todėl turime uoliai priimti Dievo žodį ir vykdyti jį iki Viešpaties Jėzaus sugrįžimo.

Žmonės gyvena tik apie 70 ar 80 metų, ir mes nežinome, kada mūsų gyvenimas pasibaigs. Todėl turime visada uoliai priimti Dievo žodį ir vadovautis juo.

Izraelio tauta turėjo išeiti iš Egipto po pirmagimių mirties rykštės, todėl Dievas liepė jiems valgyti paskubomis.

> *Jį turėsite valgyti taip: susijuosę juosmenį, apsiavę kojas ir su lazda rankoje; valgysite jį paskubomis. Tai VIEŠPATIES Pascha* (Išėjimo knyga 12, 11).

Tai reiškia, kad jie turėjo pasiruošę išeiti, apsirengę ir apsiavę. Susijuosti juosmenį ir apsiauti kojas reiškia būti visiškai pasiruošusiam.

Norėdami būti išgelbėti per Jėzų Kristų šiame pasaulyje, kuris yra kaip Egiptas, plakamas rykštėmis, ir įžengti į dangaus karalystę, kuri yra kaip pažadėtoji Kanaano žemė, mes taip pat turime visada budėti ir būti pasiruošę.

Taip pat Dievas pasakė jiems laikyti lazdą rankoje, o „lazda" dvasiškai simbolizuoja tikėjimą. Kai einame ar kopiame į kalną, pasiremdami lazda, būname daug saugesni, palengviname sau kelionę ir neparkrentame.

Lazda buvo duota Mozei todėl, kad jis neturėjo Šventosios Dvasios širdyje. Dievas davė Mozei lazdą, kuri dvasiškai reiškė tikėjimą. Izraelio tauta patyrė Dievo galybę per fiziškai matomą lazdą, padėjusią ištrūkti iš Egipto vergijos.

Ir šiandien, norėdami įžengti į dangaus karalystę, turime turėti dvasinį tikėjimą. Būsime išgelbėti tik tikėdami į Viešpatį Jėzų Kristų, kuris nepadaręs nė vienos nuodėmes mirė ant kryžiaus ir prisikėlė. Pasieksime išganymo pilnatvę, kai vadovausimės Dievo žodžiu, valgydami Viešpaties kūną ir gerdami Jo kraują.

Dabar gyvename tokiu laiku, kai Viešpaties sugrįžimas kaip niekada arti. Todėl turime paklusti Dievo žodžiui ir uoliai melstis, kad visada laimėtume ir pasiektume pergalę kovose su tamsos jėgomis.

Todėl imkitės visų Dievo ginklų, kad galėtumėte piktąją dieną pasipriešinti ir visa nugalėję, išsilaikyti. Tad stovėkite, susijuosę strėnas tiesa, apsivilkę teisumo šarvais ir apsiavę kojas ryžtu skleisti taikos Evangeliją. Visais atvejais pasiimkite tikėjimo skydą, su kuriuo užgesinsite visas ugningas piktojo strėles. Pasiimkite ir išganymo šalmą bei Dvasios kalaviją, tai yra Dievo žodį (Laiškas efeziečiams 6, 13-17).

8 skyrius

Apipjaustymas ir Šventoji Komunija

Išėjimo knyga 12, 43-51

*VIEŠPATS tarė Mozei ir Aaronui: „Štai Paschos įstatai"
(43).*

Bet joks neapipjaustytas asmuo avinėlio nevalgys (48).

Toks pat įstatymas bus čiabuviui ir ateiviui, gyvenančiam tarp jūsų (49).

Tą pačią dieną VIEŠPATS išvedė izraelitus iš Egipto žemės greta po gretos (51).

Praėjimas arba Pascha yra ilgiausiai pasaulyje nuolat švenčiama šventė, jau daugiau negu 3500 metų. Tai buvo Izraelio valstybės įkūrimo pagrindas.

Praėjimas hebrajiškai yra פסח (Pesach) ir reiškia praėjimą pro šalį arba atleidimą. Tai reiškia, kad tamsos šešėlis praėjo, aplenkdamas izraelitų namus, kurių durų staktos ir sąramos buvo pateptos avinėlio krauju, kai pirmagimių mirties rykštė ištiko Egiptą.

Izraelyje ir šiandien žydai išsivalo namus ir nepalieka juose raugintos duonos, švęsdami Paschą. Net maži vaikai su žibintuvėliais ieško po lovomis ir už baldų maisto, turinčio mielių, likučių ir pašalina juos. Kiekviena šeima valgo pagal Paschos įstatus. Šeimos galva pradeda šventę, primindamas Praėjimą, ir visi švenčia Išėjimą.

„Kodėl valgome Matzo (neraugintą duoną) šį vakarą?"

„Kodėl valgome Maror (karčiąsias žoles) šį vakarą?"

„Kodėl valgome petražoles, pamirkę jas sūriame vandenyje du kartus? Kodėl valgome karčiąsias žoles su Harosheth (Rausva uogienė, primenanti plytų gaminimą Egipte)?"

„Kodėl mes atsilošiame ir valgome Paschos maistą?"

Ceremonijos vadovas paaiškina, kad jie turėjo valgyti neraugintą duoną, nes reikėjo skubiai palikti Egiptą, karčiosios žolės primena vergovės kančias, o pamirkytos sūriame vandenyje petražolės – ašaras, pralietas Egipte.

Dabar žydai laisvi nuo vergijos, todėl valgo atsilošę, rodydami savo laisvę ir džiaugsmą. Kai apeigų vadovas pasakoja apie dešimt Egipto rykščių, kiekvienas šeimos narys laiko truputį vyno burnoje ir, kai minimas rykštės pavadinimas, išspjauna jį į atskirą dubenį.

Praėjimas įvyko prieš 3500 metų, bet per Paschos maistą net vaikai ir dabar gali patirti Išėjimą. Žydai vis dar švenčia šią šventę, kurią Dievas įsteigė prieš tūkstančius metų.

Čia slypi diasporos stiprybės šaknys, kitaip tariant, po pasaulį išblaškytų žydų susibūrimo, sugrįžimo ir savo valstybės atkūrimo paslaptis.

Sąlygos Paschos dalyviams

Tą naktį, kai pirmagimių mirties rykštė ištiko Egiptą, izraelitai buvo išgelbėti nuo mirties, paklusdami Dievo žodžiui. Dalyvavimas Paschoje vyko pagal Dievo nustatytas sąlygas.

> *VIEŠPATS tarė Mozei ir Aaronui: „Štai Paschos įstatai: nė vienas svetimtautis jo nevalgys. Bet kiekvienas už pinigus pirktas vergas gali juo dalytis tada, kai būsi jį apipjaustęs. Įnamys ir samdytas tarnas jo nevalgys. Jis turi būti valgomas viename*

ir tame pačiame name. Nieko iš jo mėsos neišmesite laukan. Nesulaužysite nė vieno jo kaulo. Visa Izraelio bendrija turi jį švęsti. Jeigu pas tave gyvenantis ateivis nori VIEŠPAČIUI švęsti Paschą, visi jo vyriškiai turi būti apipjaustyti. Tada bus jam leista švęsti, ir jis pats bus kaip čiabuvis krašte. Bet joks neapipjaustytas asmuo avinėlio nevalgys. Toks pat įstatymas bus čiabuviui ir ateiviui, gyvenančiam tarp jūsų" (Išėjimo knyga 12, 43-49).

Tik apipjaustytieji galėjo valgyti Paschos maistą, nes apipjaustymas buvo būtinas gyvenimui ir dvasiškai susijęs su išgelbėjimo klausimu.

Apipjaustymas yra dalies arba visos apyvarpės pašalinimas, atliekamas aštuntąją dieną po gimimo visiems vyriškos lyties Izraelio kūdikiams.

Pradžios knyga 17, 9-10 sako: Dievas kalbėjo Abraomui: *„O tu savo ruožtu laikysiesi mano Sandoros, tu ir tavo palikuonys po tavęs per savo kartas. Štai Sandora, kurios laikysies, tarp manęs ir tavęs bei tavo palikuonių po tavęs: kiekvienas vyriškis iš jūsų bus apipjaustytas"*.

Kai Dievas sudarė savo palaiminimų sandorą su Abraomu, tikėjimo tėvu, Jis paprašė jį atlikti apipjaustymą kaip sandoros ženklą. Neapipjaustytieji negalėjo gauti palaiminimų.

Apipjaustysite apyvarpio odą, ir tai bus ženklas Sandoros tarp manęs ir jūsų. Per jūsų kartas kiekvienas vyriškis iš jūsų, sulaukęs aštuonių dienų, bus apipjaustytas; taip pat namuose gimęs vergas ar pirktinis iš pašaliečio, kuris nėra iš tavo palikuonių. Abu – vergas, gimęs tavo namuose, ir nupirktasis už tavo pinigus – turi būti apipjaustyti. Taip mano Sandora bus jūsų kūne amžina Sandora. Neapipjaustytas vyriškis, – kiekvienas, kurio apyvarpio oda nėra apipjaustyta, – bus atkirstas nuo savo giminės. Jis sulaužė mano Sandorą (Pradžios knyga 17, 11-14).

Kodėl Dievas liepė jiems apipjaustyti aštuntąją dieną?

Kai kūdikis gimsta, išbuvęs motinos įsčiose devynis mėnesius, jam nelengva prisitaikyti prie visko, kas jį supa, nes jis atiduria visiškai kitokioje aplinkoje. Ląstelės būna dar silpnos, bet po septynių dienų kūdikiai susipažįsta su nauja aplinka, tačiau būna dar nelabai aktyvūs.

Jeigu apyvarpė nupjaunama šiuo laiku, skausmas būna minimalus ir žaizda labai greitai užgyja. Tačiau suaugusiojo oda stora, ir ši procedūra jam būna labai skausminga.

Dievas liepė izraelitams atlikti apipjaustymą aštuntąją dieną po gimimo, kad tai būtų naudinga jų higienai ir augimui, tuo pat metu padarydamas tai sandoros su Juo ženklu.

Apipjaustymas tiesiogiai susijęs su gyvybe

Išėjimo knygoje 4, 24-26 parašyta: *Atsitiko taip, kad kelionės metu nakvojant vienoje užeigoje, VIEŠPATS pasitiko Mozę ir bandė jį užmušti. Bet Cipora, paėmusi titnagą, nupjovė savo sūnaus apyvarpio odą ir palietė ja Mozės kojas, tardama: „Tu iš tikrųjų esi man kraujo sužadėtinis!"* O kai *[VIEŠPATS] nuo jo pasitraukė, ji pridūrė: „Kraujo sužadėtinis apipjaustymu".*

Kodėl Dievas norėjo užmušti Mozę?

Norėdami tai suprasti, turime žinoti, kaip Mozė gimė ir augo. Tuo metu, siekiant išnaikinti izraelitus, buvo išleistas įsakymas nužudyti visus hebrajų naujagimius berniukus.

Mozės motina paslėpė jį. Galiausiai ji įdėjo jį į nendrinę pintinę ir padėjo Nilo pakrantėje. Dievo apvaizdos dėka Egipto princesė pamatė Mozę, ir šis tapo princu, princesės įsūnytas. Todėl jis negalėjo būti apipjaustytas.

Jis buvo vadinamas Išėjimo vadu, bet dar nebuvo apipjaustytas. Todėl Dievo angelas norėjo užmušti jį. Apipjaustymas yra tiesiogiai susijęs su gyvybe; neapipjaustytas žmogus neturi nieko bendra su Dievu.

Laiške hebrajams 10, 1 parašyta: *„Kadangi Įstatymas turi tiktai būsimųjų gėrybių šešėlį, o ne patį dalykų vaizdą,"* ir Įstatymas čia reiškia Senąjį Testamentą, o „būsimosios gėrybės" yra Naujasis Testamentas, kitaip tariant, Geroji Naujiena, ateinanti per Jėzų Kristų.

Šešėlis ir tikrasis vaizdas yra viena, jie negali egzistuoti atskirai. Todėl Dievo įsakymas išvaryti neapipjaustytus vyrus iš Dievo tautos Senajame Testamente galioja mums ir šiandien.

Tačiau šiandien, kitaip negu Senajame Testamente, mes turime atlikti ne fizinį, bet dvasinį apipjaustymą, kuris yra širdies apipjaustymas.

Fizinis apipjaustymas ir širdies apipjaustymas dvasioje

Laiške romiečiams 2, 28-29 parašyta: *„Ne tas yra tikras žydas, kuris viešai laikomas žydu, ir ne tas tikras apipjaustymas, kuris išoriškai atliktas kūne. Tiktai tas yra žydas, kuris toksai viduje, ir tiktai tuomet yra apipjaustymas, kai širdis apipjaustyta dvasioje, o ne pagal raidę. Tokiam ir gyrius ne iš žmonių, bet iš Dievo".* Fizinis apipjaustymas yra tik šešėlis, o tikrasis dalykų vaizdas Naujajame Testamente yra širdies apipjaustymas, kuris suteikia mums išganymą.

Senojo Testamento laikas, žmonės negaudavo Šventosios Dvasios ir negalėdavo išmesti netiesos iš savo širdies. Todėl jie rodė savo priklausomybę Dievui, fiziškai apsipjaustydami. Tačiau Naujojo Testamento laikais, kai priimame Jėzų Kristų, Šventoji Dvasia ateina į mūsų širdį ir padeda gyventi tiesoje, kad galėtume išmesti visas netiesas iš savo širdies.

Širdies apipjaustymas yra Senojo Testamento kūniško apipjaustymo įsakymo įvykdymas ir Paschos šventimas.

Apipjaustykite savo širdis VIEŠPAČIUI, pašalinkite iš savo širdžių surambėjimą (Jeremijo knyga 4, 4).

Ką reiškia pašalinti iš širdžių surambėjimą? Tai reiškia laikytis visų Dievo žodžių, sakančių, ką turime daryti ir ko nedaryti, ko laikytis ir ką atmesti.

Mes tiesiog nedarome to, ko Dievas liepia nedaryti, pavyzdžiui: „Nepykite, neteiskite, nesmerkite, nevokite, nesvetimaukite". Taip pat atmetame tai, ką Jis liepia atmesti, ir laikomės to, ko liepia laikytis, pavyzdžiui: „Atmeskite viską, kas netyra, laikykitės Šabo ir Dievo įsakymų".

Taip pat mes darome, ką Jis liepia daryti, pavyzdžiui: „Skelbkite evangeliją, melskitės, atleiskite, mylėkite". Taip elgdamiesi, mes išvejame visas netiesas, pyktį, neteisumą, nusikaltimus ir tamsą iš savo širdies, kad ji taptų švari, ir pripildome ją tiesa.

Širdies apipjaustymas ir galutinis išgelbėjimas

Mozės laikais Pascha buvo skirta tam, kad izraelitai išvengtų pirmagimių mirties prieš Išėjimą. Todėl tai nereiškia, kad žmogus bus amžinai išgelbėtas tik dalyvaudamas Paschoje.

Jeigu jie būtų buvę amžinai išganyti tik per Paschą, tuomet visi izraelitai, kurie išėjo iš Egipto būtų įžengę į kraštą, plūstantį pienu ir medumi, Kanaano žemę.

Tačiau tikrovėje visi suaugusieji, išskyrus Jozuę ir Kalebą, kurie buvo vyresni negu dvidešimties metų amžiaus Išėjimo metu, neparodė tikėjimo ir paklusnumo darbų. Jie buvo karta, kuri turėjo pasilikti dykumoje keturiasdešimt metų ir ten mirti, nepamatę palaiminto Kanaano krašto.

Tas pats ir šiandien. Net jeigu priėmėme Jėzų Kristų ir tapome Dievo vaikais, mūsų išgelbėjimas dar negarantuotas amžinai. Tai tik reiškia, kad pradėjome eiti išganymo keliu.

Todėl kaip keturiasdešimt metų išbandymų buvo būtini, kad izraelitai įžengtų į Kanaano kraštą, taip ir mes turime pereiti apipjaustymo Dievo žodžiu procesą, kad būtume amžinai išganyti.

Kai priimame Jėzų Kristų savo asmeniniu Gelbėtoju, mes gauname Šventąją Dvasią. Tačiau Šventosios Dvasios gavimas nereiškia, kad mūsų širdis tampa visiškai švari. Mes turime toliau apipjaustyti savo širdis, kol pasieksime visišką išganymą. Kai saugome savo širdį, kuri yra gyvybės šaltinis, per apipjaustymą dvasioje, mes pasiekiame amžiną išganymą.

Širdies apipjaustymo svarba

Tik nusivalę savo nuodėmes ir piktybes Dievo žodžiu ir nukirtę visas ydas Šventosios Dvasios kardu, mes tampame šventais Dievo vaikais ir gyvename be nelaimių.

Mes turime apipjaustyti savo širdis dar ir todėl, kad

pasiektume pergalę dvasinėse kovose. Nors jie nematomi, tačiau nuožmūs mūšiai nuolat vyksta tarp Dievui priklausančių gerųjų dvasių ir piktųjų dvasių.

Laiške efeziečiams 6, 12 parašyta: „*Mes grumiamės ne su krauju ir kūnu, bet su kunigaikštystėmis, valdžiomis, šių tamsybių pasaulio valdovais ir dvasinėmis blogio jėgomis dangaus aukštumose*".

Norėdami pasiekti pergalę šioje dvasinėje kovoje, būtinai turime turėti tyrą širdį, nes galia dvasiniame pasaulyje yra nenuodėmingumas. Todėl Dievas nori, kad apipjaustytume savo širdis, ir Jis daug kartų pabrėžė apipjaustymo svarbą.

Mylimieji, jei širdis mūsų nesmerkia, mes pasitikime Dievu ir gauname iš jo, ko prašome, nes laikomės jo įsakymų ir darome, kas jam patinka (Jono pirmas laiškas 3, 21-22).

Norėdami išspręsti šio gyvenimo problemas, pavyzdžiui, atsikratyti ligų ir skurdo, turime apsipjaustyti širdį. Tik turėdami tyrą širdį, pasitikėsime Dievu ir gausime, ko prašome.

Pascha ir Šventoji Komunija

Lygiai taip pat tik atlikusieji apipjaustymą gali dalyvauti Paschos šventėje, kuri šiandien reiškia Šventosios Komunijos priėmimą. Pascha yra šventė, kurios metu valgomas avinėlis, o

Šventoji Komunija yra duonos valgymas ir vyno gėrimas, kurie simbolizuoja Jėzaus kūną ir kraują.

> *O Jėzus jiems kalbėjo: „Iš tiesų, iš tiesų sakau jums: jei nevalgysite Žmogaus Sūnaus kūno ir negersite jo kraujo, neturėsite savyje gyvybės! Kas valgo mano kūną ir geria mano kraują, tas turi amžinąjį gyvenimą, ir aš jį prikelsiu paskutiniąją dieną"* (Evangelija pagal Joną 6, 53-54).

„Žmogaus Sūnus" čia reiškia Jėzų, o Žmogaus Sūnaus kūnas – 66 Biblijos knygas. Valgyti Žmogaus Sūnaus kūną reiškia priimti Dievo tiesos žodį, užrašytą Biblijoje.

Taip pat, kaip mums reikia skysčių maisto virškinimui, kai valgome Žmogaus Sūnaus kūną, turime ir gerti tuo pat metu, kad gerai suvirškintume maistą.

„Gerti Žmogaus Sūnaus kraują" reiškia tikrai tikėti ir vykdyti Dievo žodį. Jeigu mes elgiamės ne pagal Dievo žodį, kurį išgirdome ir supratome, Viešpaties žodis neduos mums jokios naudos.

Kai suprantame Dievo žodį, užrašytą šešiasdešimt šešiose Biblijos knygose ir vykdome jį, tiesa ateina ir susigeria į mūsų širdį, panašiai mūsų kūnas pasisavina maistingas medžiagas. Tuomet nuodėmės ir piktybės pavirsta atmatomis ir pasišalina, taip tiesa vis labiau ir labiau užvaldo mus, kol tampame tiesos žmonėmis, pelnančiais amžinąjį gyvenimą.

Pavyzdžiui, jeigu mes priimame maistingą medžiagą, kuri vadinasi „meilė" ir darome meilės darbus, pasisaviname šį žodį kaip maistingą medžiagą. Tuomet priešingi meilei dalykai – neapykanta, pavydas, įtarumas – tampa atmatomis ir pasišalina. Taip išsiugdome širdyje tobuląją meilę.

Tai pat, kai pripildome savo širdį ramybe ir teisumu, kivirčai, ginčai, nesutarimai, apmaudas ir neteisumas pasišalina.

Šventosios Komunijos priėmimo sąlygos

Išėjimo metu, apipjaustytieji turėjo dalyvauti Paschoje, kad išvengtų pirmagimių mirties. Taip pat ir šiandien, priėmę Jėzų Kristų kaip savo Gelbėtoją ir gavę Šventąją Dvasią, esame paženklinti Dievo vaikų antspaudu ir turime teisę priimti Šventąją Komuniją.

Tačiau Pascha tik išgelbėjo nuo mirties pirmagimius. Jie turėjo pereiti dykumą, kad pasiektų visišką išganymą. Taip pat ir mes, gavę Šventąją Dvasią ir priimdami Šventąją Komuniją, turime pereiti apvalymo procesą, kad būtume amžinai išganyti. Įėję pro išgelbėjimo vartus, priimdami Jėzų Kristų, mes turime paklusti Dievo žodžiui savo gyvenimu. Turime keliauti link dangaus karalystės vartų ir amžinojo išganymo.

Jeigu darome nuodėmes, negalime dalyvauti Šventojoje Komunijoje ir valgyti švento Viešpaties kūno bei gerti Jo kraujo. Visų pirma turime ištirti save, atgailauti už visas padarytas nuodėmes ir apvalyti savo širdį, kad galėtume priimti Šventąją

Komuniją.

Todėl kas nevertai valgo tos duonos ar geria iš Viešpaties taurės, tas nusikals Viešpaties Kūnui ir Kraujui. Teištiria žmogus pats save ir tada tevalgo tos duonos ir tegeria iš tos taurės. Kas valgo ir geria, to Kūno nepaisydamas, tas valgo ir geria sau pasmerkimą (Pirmas laiškas korintiečiams 11, 27-29).

Kai kas mano, kad tik pakrikštyti vandeniu gali priimti Šventąją Komuniją, bet priėmę Jėzų Kristų gauname Šventąją Dvasią kaip dovaną. Mes visi turime teisę tapti Dievo vaikais.

Jeigu gavome Šventąją Dvasią ir tapome Dievo vaikais, mes galime dalyvauti Šventojoje Komunijoje po atgailos už savo nuodėmes, net ir nepakrikštyti vandeniu.

Šventojoje Komunijoje mes dar kartą prisimename Viešpaties, kuris buvo prikaltas prie kryžiaus ir praliejo savo kraują už mus, malonę. Turime ištirti save, studijuoti ir vykdyti Dievo žodį.

Pirmame laiške korintiečiams 11, 23-25 parašyta: „*Aš gavau iš Viešpaties ir perdaviau jums, kad Viešpats Jėzus tą naktį, kurią buvo išduotas, paėmė duoną, padėkojęs laužė ir tarė: ‚Tai yra mano kūnas už jus. Tai darykite mano atminimui'. Taip pat po vakarienės jis paėmė taurę ir tarė: ‚Ši taurė yra Naujoji Sandora mano kraujyje. Kiek kartų gersite, darykite tai mano atminimui'*".

Raginu jus suprasti Paschos ir Šventosios Komunijos tikrąją prasmę ir reguliariai valgyti Viešpaties kūną bei gerti Jo kraują, kad atmestumėte visa pikta ir apipjaustytumėte savo širdį.

9 skyrius

Išėjimas ir Neraugintos duonos šventė

Išėjimo knyga 12, 15-17

„Septynias dienas valgysite neraugintą duoną; jau pirmą dieną pašalinsite raugą iš savo namų, nes kas valgys raugintą duoną nuo pirmos iki septintos dienos, bus atkirstas nuo Izraelio. Pirmąją dieną švęsite iškilmingą sueigą ir septintąją dieną švęsite iškilmingą sueigą. Tomis dienomis negalima dirbti jokio darbo, išskyrus paruošimą maisto, kurio kiekvienam reikia pavalgyti. Švęskite Neraugintosios duonos šventę, nes tą dieną išvedžiau jūsų gretas iš Egipto žemės; švęskite tą dieną per kartų kartas kaip amžiną įsaką".

„Atleiskime, bet nepamirškime".

Šis sakinys užrašytas prie įėjimo į Yad Vashem Holokausto muziejų Jeruzalėje, primenantį apie šešis milijonus žydų, kuriuos naciai nužudė Antrajame pasauliniame kare, kad tai niekada nepasikartotų.

Izraelio istorija yra prisiminimų istorija. Biblijoje Dievas liepia jiems prisimini praeitį, turėti galvoje prisiminimus ir perduoti kartų kartoms.

Kai izraelitai buvo išgelbėti nuo pirmagimių mirties, valgydami Paschą, ir išvesti iš Egipto, Dievas liepė jiems švęsti Neraugintos duonos šventę, kad jie amžinai prisimintų išlaisvinimo iš Egipto vergijos dieną.

Dvasinė išėjimo prasmė

Išėjimo diena yra ne tik Izraelio tautos laisvės, atgautos prieš kelis tūkstančius metų, paminėjimo diena.

Egiptas, kuriame izraelitai buvo vergai, simbolizuoja šį pasaulį, kuris valdo priešas velnias ir šėtonas. Kaip izraelitai buvo engiami, vergaudami Egipte, taip dabar apie Dievą nežinantys žmonės kenčia, priešo velnio ir šėtono kamuojami.

Pamatę Dešimt rykščių, įvykusių per Mozę, izraelitai pažino Dievą ir ėjo paskui Mozę iš Egipto į Pažadėtąją Kanaano žemę, kurią Dievas pažadėjo jų protėviui Abraomui.

Šiandien tai žmonės, nepažinoję Dievo, bet paskui priėmę Jėzų Kristų.

Izraelitų išėjimas iš Egipto, kuriame jie buvo vergai, gali būti palygintas su mūsų ištrūkimu iš vergavimo šėtonui, priimant Jėzų Kristų ir tampant Dievo vaikais. Izraelitų kelionė į Kanaano kraštą, tekantį pienu ir medumi, nesiskiria nuo dabartinių tikinčiųjų tikėjimo kelionės į dangaus karalystę.

Kanaano kraštas, plaukiantis pienu ir medumi

Išėjimo kelionės metu Dievas nevedė izraelitų tiesiai į Kanaano kraštą. Jie turėjo keliauti į dykumą, nes stipri Filistijos tauta buvo užkirtusi trumpiausią kelią į Kanaaną.

Norėdami pareiti jų žemę, jie būtų turėję kariauti su stipriais filistinais. Dievas žinojo, kad tokiu atveju neturintieji tikėjimo būtų norėję sugrįžti į Egiptą.

Lygiai taip pat naujai priėmusieji Jėzų Kristų negauna tikro tikėjimo akimirksniu. Todėl jeigu jie susidurtų su tokiu sunkiu kaip galingoji filistinų tauta išbandymu, jie neišlaikytų ir paliktų tikėjimą.

Štai kodėl Dievas sako: *„Jums tekę išmėginimai tėra žmogiški. Dievas ištikimas. Jis neleis jūsų mėginti virš jūsų jėgų, bet su išmėginimu duos ir išeitį, kad galėtumėte atsilaikyti"* (Pirmas laiškas korintiečiams 10, 13).

Kaip izraelitai keliavo per dykumą, kol pasiekė Kanaano kraštą, taip tapus Dievo vaikais, mūsų laukia tikėjimo kelionė į dangaus karalystę, Kanaano žemę.

Nors dykumoje buvo sunku, turintieji tikėjimą nenorėjo grįžti į Egiptą, jie keliavo į laisvę, taiką ir klestėjimą Kanaano krašte, nes Egipte jie neturėjo šių dalykų. Tas pats ir šiandien.

Nors kartais turime eiti siauru ir sunkiu keliu, mes tikime nuostabia dangaus karalystės šlove. Todėl nesiskundžiame tikėjimo lenktynių sunkumais, bet viską nugalime su Dievo pagalba ir galia.

Pagaliau Izraelio tauta pradėjo kelionę į Kanaano kraštą, plūstantį pienu ir medumi. Jie paliko žemę, kurioje gyveno daugiau negu 400 metų ir pradėjo tikėjimo žygį, Mozės vedami.

Žmonės vedėsi labai daug galvijų. Kiti gabeno daug drabužių, sidabro ir aukso, gautų iš egiptiečių. Dar kiti nešė neraugintą tešlą, kiti rūpinosi vaikais ir pagyvenusiais žmonėmis. Neaprėpiama daugybė izraelitų skubėjo išeiti iš vergijos.

Izraelitai iš Ramzio leidosi kelionėn Sukoto link, maždaug šeši šimtai tūkstančių vyrų pėsčiomis, neskaičiuojant vaikų. Be to, kartu su jais pakilo eiti padrika minia ir labai daug galvijų – kaimenių ir bandų. Jie kepėsi neraugintus papločius iš tešlos, kurią nešėsi iš Egipto. Ji buvo neraugintа, nes jie buvo varomi iš Egipto ir negalėjo delsti. Maistu kelionei jie nebuvo apsirūpinę (Išėjimo knyga 12, 37-39).

Išėjimo dieną visų širdys buvo kupinos laisvės, vilties ir išgelbėjimo džiaugsmo. Šios dienos paminėjimui Dievas įsakė jiems švęsti Neraugintos duonos šventę per visas kartas.

Neraugintos duonos šventė

Šiandien krikščionys švenčia Velykas vietoje Neraugintos duonos šventės. Švenčiame Velykas, dėkodami Dievui už visų mūsų nuodėmių atleidimą per Jėzaus nukryžiavimą. Taip pat švenčiame Jo prisikėlimą, suteikiantį mums galią ištrūkti iš tamsos ir eiti į šviesą.

Neraugintos duonos šventė yra viena iš trijų svarbiausių švenčių Izraelyje. Jos metu visi žydai prisimena faktą, kad Dievo ranka išvedė juos iš Egipto. Pradėdami nuo Paschos nakties, jie valgo neraugintą duoną septynias dienas.

Faraonas nepersigalvojo, net Egiptui patyrus daug rykščių. Galiausiai Egiptas turėjo iškentėti visų pirmagimių mirtį, ir pats faraonas neteko savo pirmagimio sūnaus. Faraonas skubiai iškvietė Mozę su Aaronu ir liepė jiems tučtuojau palikti Egiptą, todėl nebuvo laiko tešlos rauginimui, ir jie turėjo valgyti neraugintą duoną.

Taip pat Dievas liepė valgyti neraugintą duoną, kad jie prisimintų kančių laikus ir dėkotų už išlaisvinimą iš vergijos.

Pascha yra šventėm primenanti pirmagimių išgelbėjimą nuo mirties. Jie valgo ėrieną, karčiąsias žoles ir neraugintą duoną. Neraugintos duonos šventė primena tuos laikus, kai jie savaitę

valgė neraugintą duoną dykumoje, skubiai iškeliavę iš Egipto.
Šiandien izraeliečiai visą savaitę švenčia Paschą, Neraugintos duonos šventę.

> *Nieko raruginto su ja nevalgysi. Septynias dienas valgysi neraugintą duoną – vargo duoną, idant atsimintumei per visas gyvenimo dienas savo išėjimą iš Egipto žemės, nes iš Egipto žemės išėjai labai skubėdamas* (Pakartoto Įstatymo knyga 16, 3).

Dvasinė Neraugintos duonos šventės prasmė

> *Septynias dienas valgysite neraugintą duoną; jau pirmą dieną pašalinsite raugą iš savo namų, nes kas valgys raugintą duoną nuo pirmos iki septintos dienos, bus atkirstas nuo Izraelio* (Išėjimo knyga 12, 15).

„Pirma diena" čia reiškia išgelbėjimo dieną. Išgelbėti nuo pirmagimių mirties ir išėję iš Egipto izraelitai turėjo valgyti neraugintą duoną septynias dienas. Taip pat ir mes, kai priimame Jėzų Kristų ir gauname Šventąją Dvasią, turime dvasiškai valgyti neraugintą duoną, kad pasiektume visišką išganymą.

Dvasiškai valgyti neraugintą duoną reiškia palikti pasaulį ir pasirinkti siaurąjį kelią. Priėmę Jėzų Kristų turime nusižeminti ir eiti siauruoju keliu, kad pasiektume amžinąjį išganymą su romia širdimi.

Valgyti raugintą duoną vietoje neraugintos, reiškia eiti plačiu ir lengvu keliu, siekiant beprasmiškų šio pasaulio dalykų, vadovaujantis savo galva. Akivaizdu, kad šį kelią pasirinkęs žmogus nebus išgelbėtas. Štai kodėl Dievas pasakė, kad valgantys raugintą duoną bus atkirsti nuo Izraelio.

Ko mus šiandien moko Neraugintos duonos šventė?

Pirma, turime visada atsiminti ir dėkoti už Dievo meilę ir išgelbėjimo malonę, gaunamą veltui per Jėzaus Kristaus atperkamąją auką.

Izraeliečiai šiandien prisimena vergovės Egipte laikus, valgydami neraugintą duoną septynias dienas ir dėkodami Dievui už išgelbėjimą. Panašiai ir mes, tikintieji, dvasiniai izraelitai, turime prisiminti Dievo, kuris atvedė mus į amžinojo gyvenimo kelią, malonę ir meilę ir už viską dėkoti.

Turime atsiminti dieną, kai susitikome ir patyrėme Dievą, ir tą dieną, kai atgimėme iš naujo iš vandens ir Dvasios, ir dėkoti Dievui, prisimindami Jo malonę. Tai Neraugintos duonos šventės šventimas dvasiniame lygyje. Turintieji tikrai gerą širdį niekada nepamirš nė vienos malonės, gautos iš Viešpaties. Tai žmogaus pareiga ir jo geros širdies troškimas.

Turėdami tokią gerą širdį, mes niekada nepamiršime Dievo meilės ir malonės, bet dėkosime už jo malonę ir visuomet džiaugsimės, kad ir kokiuose sunkumuose atsidurtume.

Taip elgėsi pranašas Habakukas, kuris gyveno karaliaus Jošijo laikais apie 600-uosius metus pr. Kr.

Nors figmedis nežydėtų ir nebūtų vaisių ant vynmedžių, nors alyvmedis neneštų derliaus ir laukai neduotų maisto, nors avių kaimenė dingtų iš avidės, o galvijų banda – iš tvarto, aš džiaugsiuosi VIEŠPATYJE, džiūgausiu Dieve, kuris mane išgano (Habakuko knyga 3, 17-18).

Judo karalystė patyrė nuožmų chaldėjų (babiloniečių) užpuolimą, ir pranašas Habakukas matė savo šalies žlugimą, bet užuot puolęs į neviltį, pranašas šlovino Dievą ir dėkojo Jam.

Taip ir mes, nepaisant gyvenimo aplinkybių, esame be galo dėkingi vien už Dievo malonės suteiktą išgelbėjimą.

Antra, turime gyventi tikinčiojo gyvenimą ne iš įpročio ir saugotis, kad nebūtume drungni, nedarantys pažangos ir nesikeičiantys krikščionys.

Gyventi krikščionišką gyvenimą be entuziazmo, reiškia pasilikti tokiems, kokie esame. Tai sustabarėjęs gyvenimas be judėjimo ir permainų. Tai reiškia, kad turime drungną, priprastą, formalų tikėjimą be širdies apipjaustymo.

Jeigu esame šalti, susilaukiame bausmės iš Dievo, kad pasikeistume ir atsinaujintume. Tačiau jeigu esame drungni, mes taikomės prie pasaulio ir nesistengiame atmesti nuodėmių. Mes nevisiškai paliekame Dievą, nes gavome Šventąją Dvasią ir puikiai žinome, kad yra dangus ir pragaras.

Jeigu pajuntame savo trūkumus, mes meldžiamės, kad Dievas juos pašalintų. Tačiau drungni tikintieji neturi jokio entuziazmo. Jie tampa „bažnyčios lankytojais".

Jie turi vargų ir jaučia širdies skausmą ir nerimą, bet net ir šie jausmai išnyksta, laikui bėgant.

„Bet kadangi esi drungnas ir nei karštas, nei šaltas, aš išspjausiu tave iš savo burnos" (Apreiškimas Jonui 3, 16). Kaip parašyta, jie nebus išgelbėti. Todėl Dievas liepia mums laikas nuo laiko švęsti įvairias šventes, kad pasitikrintume savo tikėjimą, dvasiškai suaugtume ir pasiektume tikėjimo brandą.

Trečia, visada turime išsaugoti pirmosios meilės malonę. Jeigu prarandame ją, turime prisiminti, kur suklupome, atgailauti ir greitai daryti pirmuosius darbus.

Kiekvienas, priėmęs Viešpatį Jėzų, patiria pirmosios meilės malonę. Dievo malonė ir meilė liejasi taip galingai, kad kiekviena tikinčiojo gyvenimo diena būna džiaugsmas ir laimė.

Kaip tėvai laukia, kol jų vaikai užaugs, Dievas taip pat tikisi, kad Jo vaikai išsiugdys tvirtesnį ir didesnį tikėjimą. Tačiau jeigu, laikui bėgant, prarandame pirmosios meilės malonę, mūsų entuziazmas ir meilė atvėsta. Tuomet net meldžiamės tik iš pareigos jausmo.

Kol nesame pasiekę brandaus tikėjimo ir pašventinimo pilnatvės, jei atiduodame savo širdį šėtonui, galime bet kada prarasti pirmąją meilę. Jeigu prarandame pirmosios meilės malonę, turime atrasti priežastį, greitai atgailauti ir atsiversti.

Daug kas sako, kad krikščionių kelias yra siauras ir sunkus, bet Pakartoto Įstatymo knygoje 30, 11 parašyta: *„Tikrai šis įsakymas, kurį šiandien tau duodu, nėra tau nei per sunkus, nei per tolimas".* Jeigu suprantame tikrą Dievo meilę, gyvenimo tikėjimu kelionė niekada nebus sunki., nes dabartinės kančios labai menkos palyginti su mūsų laukiančia šlove. Mes esame laimingi, įsivaizduodami būsimą garbę.

Būdami tikintieji, kurie gyvena paskutinėmis dienomis, mes turime visada paklusti Dievo žodžiui ir gyventi tiesoje. Jeigu einame ne plačiu pasaulio keliu, bet siauru tikėjimo keliu, įžengsime į Kanaano kraštą, plaukiantį pienu ir medumi.

Dievas suteiks mums išgelbėjimo malonę ir pirmosios meilės džiaugsmą. Jis palaimins mus tobulu pašventinimu ir gerojoje tikėjimo kovoje suteiks jėgos pasiekti amžinąją dangaus karalystę.

10 skyrius

Paklusnumas ir palaiminimai

Pakartoto Įstatymo knyga 28, 1-6

„Bet jei ištikimai klausysi VIEŠPATIES, savo Dievo, balso, uoliai vykdydamas visus jo įsakymus, kuriuos šiandien tau duodu, VIEŠPATS, tavo Dievas, išaukštins tave virš visų žemės tautų. Jei klausysi VIEŠPATIES, savo Dievo, balso, tave pasieks ir užlies visi šie palaiminimai: Palaimintas būsi mieste, palaimintas būsi kaime! Palaimintas bus tavo įsčių, tavo žemės ir tavo gyvulių vaisius, bandos ir kaimenės prieauglis. Palaiminta bus tavo pintinė ir tavo duoninė! Palaimintas būsi pareidamas, palaimintas būsi išeidamas!"

Izraelio tautos Išėjimo istorija moko mus vertingų pamokų. Kaip rykštės ištiko faraoną ir Egiptą už nepaklusnumą, pakeliui į Kanaano kraštą Izraelio tauta turėjo iškęsti išbandymus ir nepasiekė klestėjimo, nes maištavo prieš Dievo valią.

Jie buvo išgelbėti iš pirmagimių mirties rykštės per Paschą, bet pristigę vandens ir maisto, eidami į Kanaaną, ėmė skųstis.

Jie pasidarė ir garbino aukso veršį, blogai kalbėjo apie Pažadėtąją žemę, galiausiai net sukilo prieš Mozę todėl, kad nežiūrėjo į kelionę Kanaano žemėn tikėjimo akimis.

Jų netikėjimas baigėsi tuo, kad visa pirmoji Išėjimo karta, išskyrus Jozuę ir Kalebą, mirė dykumoje. Tik Jozuė ir Kalebas tikėjo Dievo pažadu ir pakluso Jam, todėl įžengė į Kanaano kraštą su antrąja Išėjimo karta.

Palaiminimas įžengimu į Kanaano kraštą

Pirmoji Išėjimo karta buvo kilusi iš tautos, gimusios ir augusios pagonių kultūroje Egipte 400 metų, jie prarado didelę dalį tikėjimo Dievu. Taip pat daug nuoskaudų ir pykčio įsišaknijo jų širdyse, jiems kenčiant persekiojimus ir engimą.

Tačiau antroji izraelitų kartą Išėjimo metu buvo nuo mažens mokoma Dievo žodžio. Jie manė daug galingų Dievo darbų ir skyrėsi nuo savo tėvų kartos.

Jie suprato, kodėl jų tėvai negalėjo įžengti į Kanaano kraštą ir turėjo klaidžioti dykumoje 40 metų. Jie buvo visiškai pasiruošę klausyti Dievo ir savo vado su tikru tikėjimu.

Skirtingai nuo savo tėvų kartos, kuri nuolatos skundėsi, net patyrusi daugybę antgamtiškų Dievo darbų, jie prisiekė visišką paklusnumą. Jie pažadėjo visiškai paklusti Jozuei, kuris Dievo valia tapo Mozės įpėdiniu.

> *Klausysime tavęs, kaip klausėme Mozės. Tik VIEŠPATS, tavo Dievas, tebūna su tavimi, kaip buvo su Moze! Jei kas maištautų prieš tavo įsakymą ar neklausytų tavo žodžių, kad ir ką jam įsakytum, bus nubaustas mirtimi. Tik būk stiprus ir ryžtingas!*
> (Jozuės knyga 1, 17-18).

Izraelitų klaidžiojimas dykumoje 40 metų buvo ne tik bausmė. Tai buvo antrosios Išėjimo kartos, kuri įžengė į Kanaano kraštą, dvasinio ugdymo laikotarpis.

Dievas, prieš apipildamas mus palaiminimais, leidžia patirti įvairių išmėginimų, dvasiškai ugdydamas mus, kad įgytume dvasinį tikėjimą. Neturėdami dvasinio tikėjimo negalime būti išganyti ir įžengti į dangaus karalystę.

Jeigu Dievas apipiltų mus palaiminimais, prieš mums įgyjant dvasinį tikėjimą, daugelis iš mūsų tikriausiai grįžtų į pasaulį. Todėl Dievas rodo mums savo nuostabius antgamtiškus darbus ir kartais leidžia išbandymus ugnimi, kad mūsų tikėjimas augtų.

Pirmoji kliūtis, su kuria antroji karta susidūrė, buvo Jordano upė. Jordano upė tekėjo Moabo lygumoje, Kanaano krašte. Tuo metu ji buvo srauni, dažnai patvindavo ir išsiliedavo iš krantų.

Ką Dievas jiems pasakė? Jis liepė kunigams nešti Sandoros Skrynią, eiti priekyje ir pirmiems įbristi į upę. Sužinoję Dievo valią per Jozuę, žmonės nesvyruodami nužygiavo prie Jordano su kunigais priešakyje.

Jie tikėjo į visažinį ir visagalį Dievą, todėl nedvejodami ir nesiskųsdami pakluso, todėl kai Skrynią nešančių kunigų kojos palietė upės pakrantės vandenį, upės srovė sustojo, ir jie perėjo per ją kaip per sausumą.

Paskui jie sugriovė Jericho miestą, kuris buvo laikomas neįveikiama tvirtove. Kitaip negu šiandien, tais laikais nebuvo galingų ginklų, ir buvo beveik neįmanoma sugriauti tvirtas sienas, kurios iš tiesų buvo dviejų sluoksnių mūro sienos.

Sugriauti tokias sienas buvo praktiškai neįmanoma. Tačiau Dievas liepė jiems tiesiog žygiuoti aplink miestą po vieną kartą šešias dienas, o septintą dieną atsikelti anksti apžygiuoti miestą septynis kartus ir paskui garsiai šaukti.

Priešo kariai ėjo sargybą ant miesto sienų, bet antroji Išėjimo karta nedvejodama ėmė žygiuoti aplink miestą.

Priešai galėjo šaudyti į juos strėlėmis arba pulti visomis pajėgomis. Nepaisydami pavojaus, jie pakluso Dievo žodžiui ir žygiavo aplink miestą. Net tvirčiausios sienos sugriuvo, kai Izraelio tauta pakluso Dievo žodžiui.

Palaiminimų priėmimas per paklusnumą

Paklusnumas gali įveikti bet kokias aplinkybes. Tai koridorius nuostabios Dievo galios nužengimui. Žmogui gali atrodyti, kad kartais neįmanoma paklusti, bet Dievo požiūriu, nėra nė vieno Jo žodžio, kuriam negalėtume paklusti, ir Dievas yra visagalis.

Norėdami parodyti tokį paklusnumą, turime girdėti ir suprasti Dievo žodį tik per Šventosios Dvasios įkvėpimą.

Kaip Izraelio tauta šventė Paschą ir Neraugintos duonos šventę iš kartos į kartą, turime visada prisiminti ir apmąstyti Dievo žodį. Kitaip tariant, turime nuolat apipjaustyti savo širdį Dievo žodžiu ir atmesti nuodėmes ir piktybes su dėkingumu už išgelbėjimo malonę.

Tik tuomet įgysime tikrą tikėjimą ir parodysime tobulus paklusnumo darbus.

Kai kuriems Dievo žodžiams negalime paklusti, jeigu remiamės žmonių teorijomis, žiniomis ar sveiku protu, bet Dievas nori, kad paklustume visai Jo valiai. Kai parodome tokį paklusnumą, Dievas daro nuostabius darbus ir siunčia neapsakomus palaiminimus.

Biblijoje daug žmonių gavo neįtikėtinus palaiminimus per savo paklusnumą. Danielius ir Juozapas buvo palaiminti, nes turėjo tvirtą tikėjimą Dievu, ir net mirties akivaizdoje laikėsi Dievo žodžio. Taip pat Abraomo, tikėjimo tėvo, gyvenimas rodo, kaip Dievas džiaugiasi tais, kas Jo klauso.

Palaiminimai duoti Abraomui

VIEŠPATS tarė Abromui: „Eik iš savo gimtojo krašto, savo tėvo namų, į kraštą, kurį tau parodysiu. Padarysiu iš tavęs didelę tautą ir palaiminsiu tave; išaukštinsiu tavo vardą, ir tu būsi palaiminimas" (Pradžios knyga 12, 1-2).

Tuo metu Abraomas buvo septyniasdešimt penkerių metų amžiaus, tikrai ne jaunuolis. Jam buvo nelengva palikti savo kraštą ir iškeliauti su visais savo giminaičiais, kadangi jis neturėjo sūnų, kurie būtų jo įpėdiniais.

Dievas nenurodė jam jokios konkrečios vietos, tiesiog įsakė išeiti. Remiantis žmogaus protu, buvo labai sunku paklusti. Jis turėjo palikti viską, ką sukaupė, ir išeiti į visiškai svetimą šalį.

Nelengva palikti viską, ką turime, ir keliauti į visiškai naują vietą, net turint ateities garantijų. Kiek žmonių paliktų viską, ką turi, kai jų ateitis neaiški? Bet Abraomas tiesiog pakluso.

Abraomo paklusnumas dar aiškiau atsiskleidė kito įvykio metu. Darydamas Abraomo paklusnumą tobulą, Dievas leido jam patirti išbandymą, kad paskui suteiktų palaiminimus.

Dievas įsakė jam paaukoti savo vienintelį sūnų Izaoką. Izaokas buvo be galo brangus Abraomui. Jis brangino jį labiau už save, bet pakluso nė kiek nedvejodamas.

Pradžios knygoje 22, 3 parašyta, kad kitą dieną po Dievo paliepimo, Abraomas atsikėlė anksti rytą, pasiruošė atnašauti auką Dievui ir išvyko į Jo nurodytą vietą.

Tai buvo aukštesnis paklusnumo laipsnis, negu išvykimas iš savo tėvo namų ir šalies. Tuomet jis pakluso, gerai nežinodamas Dievo valios, bet kai Dievas pasakė jam paaukoti savo sūnų Izaoką kaip deginamąją auką, jis suprato Dievo širdį ir pakluso Jo valiai. Laiške hebrajams 11, 17-19 parašyta, kaip jis tikėjo, kad net jei paaukos savo sūnų deginamąja auka, Dievas prikels jį iš numirusių, nes jo vienintelis sūnus buvo Dievo pažadėtoji sėkla.

Dievas džiaugėsi Abraomo tikėjimu ir pats paruošė auką. Kai Abraomas išlaikė šį išbandymą, Dievas pavadino jį savo draugu ir suteikė gausybę palaiminimų.

Net šiandien Izraelyje nepakanka vandens. Abraomo laikais jo dar labiau trūko Kanaano krašte, bet kur tik jis ėjo, ten buvo apsčiai vandens. Net jo sūnėnas Lotas, gyvenęs su juo, buvo gausiai palaimintas.

Abraomas turėjo daug galvijų, sidabro ir aukso, jis buvo labai turtingas. Kai Lotas buvo paimtas į nelaisvę, Abraomas pasiėmė 318 vyrų, kurie buvo užauginti jo namuose, ir išgelbėjo Lotą. Vien šis faktas rodo, koks jis buvo turtingas.

Abraomas pakluso Dievo žodžiui. Kraštas ir vietovė, kur Abraomas gyveno, ir visi buvusieji su juo taip pat susilaukė palaiminimų.

Per Abraomą ir jo sūnus Izaokas buvo palaimintas, o jo palikuonių buvo tiek daug, kad iš jų kilo tauta. Dievas pasakė, kad laimins laiminančius jį ir prakeiks jį keikiančius. Jis buvo taip gerbiamas, kad net kaimyninių šalių karaliai mokėjo jam duoklę.

Abraomas gavo visus palaiminimus, kuriuos galima gauti šioje žemėje, įskaitant turtą, garbę, valdžią, sveikatą ir vaikus. Kaip parašyta 28-ame Pakartoto Įstatymo knygos skyriuje, jis buvo palaimintas įeidamas ir išeidamas.

Jis tapo palaiminimų šaltiniu ir tikėjimo tėvu. Be to, jis turėjo gilų Dievo širdies supratimą, ir Dievas dalinosi su juo savo širdimi kaip su draugu. Koks šlovingas palaiminimas!

Dievas yra meilė, todėl nori, kad visi būtų kaip Abraomas ir pasiektų palaimintą ir šlovingą padėtį. Štai kodėl Dievas paliko išsamų Abraomo gyvenimo aprašymą. Kas seka jo pavyzdžiu ir paklūsta Dievo žodžiui, gali būti palaimintas įeidamas ir išeidamas kaip Abraomas.

Norinčio mus laiminti Dievo meilė ir teisingumas

Apžvelgėme Dešimt rykščių, ištikusių Egiptą, ir Paschą, kuri buvo izraelitų išgelbėjimas. Per šiuos įvykius galime suprasti. kodėl mes susiduriame su nelaimėmis, kaip jų išvengti ir kaip išsigelbėti.

Jeigu kenčiame nuo problemų ar ligų, turime suprasti, kad pirminė jų priežastis yra mūsų nedorybės. Tuomet turime neatidėliodami ištirti save, atgailauti ir atmesti visas nedorybes. Taip pat per Abraomą galime suprasti, kokius nuostabius ir gausius palaiminimus Dievas suteikia tiems, kas jo klauso.

Visos nelaimės turi priežastis. Priklausomai nuo to, kiek

suvokiame jas savo širdyje, nusigręžiame nuo nuodėmių bei pikto ir pasikeičiame, rezultatai būna labai nevienodi. Vieni žmonės tik kenčia bausmę tik už savo kaltes, tuo tarpu kiti per kančias atranda tamsą ir nedorybę savo širdyje, atgailauja ir pasikeičia.

Pakartoto Įstatymo knygos 28-ame skyriuje surašyti palaiminimai, kurie lydės mus paklūstant Dievo žodžiui, ir prakeikimai, lydėsiantys mus neklausant Dievo.

Dievas nori suteikti mums daugybę palaiminimų, bet Pakartoto Įstatymo knygoje 11, 26 pasakė: *„Žiūrėkite! Šiandien padedu prieš jus palaiminimą ir prakeikimą,"* todėl turime pasirinkti. Jeigu sėjame pupas, išdygs pupos. Panašiai mes kenčiame nelaimes, kurias užtraukia šėtonas per mūsų nuodėmes. Šiuo atveju Dievas, būdamas teisingas, turi leisti nelaimėms mus ištikti.

Tėvai nori, kad jų vaikai gerai ir pasiturinčiai gyventų, todėl sako, kad jie uoliai mokytųsi, dorai gyventų, laikytųsi eismo taisyklių ir taip toliau. Taip pat ir Dievas, tik gero norėdamas, davė mums savo įsakymus ir nori, kad mes jų klausytume. Tėvai niekada nenori, kad vaikai jų neklausytų, pasuktų klystkeliais ir pražūtų. Taip pat ir Dievas nenori, kad mes kentėtume vargus.

Todėl aš meldžiu Viešpaties Jėzaus Kristaus vardu, kad jūs visi suprastumėte, jog Dievo valia yra ne mūsų nelaimės, bet palaiminimai, ir per paklusnų gyvenimą būtumėte palaminti įeidami ir išeidami, ir kad viskas jums sektųsi.

Autorius:
Dr. Džeirokas Li

Dr. Džeirokas Li gimė 1943 metais Korėjos respublikos Kjong-nam provincijos Muano mieste. Jam sukakus dvidešimt metų, jis septynis metus sirgo daugybe nepagydomų ligų ir laukė mirties be išsigydymo vilties. Tačiau 1974 m. jo sesuo nuvedė jį į vieną bažnyčią, ir, kai jis atsiklaupė pasimelsti, Gyvas Dievas iš karto jį išgydė nuo visų ligų.

Tą akimirką per šį stebuklingą atvejį dr. Li susitiko su Gyvuoju Dievu, jis pamilo Dievą visa savo širdimi ir 1978 m. jis buvo pašauktas Dievo tapti Jo tarnu. Jis karštai meldėsi, norėdamas aiškiai sužinoti Dievo valią, visiškai ją įvykdyti ir paklusti visam Dievo Žodžiui. 1982 m. jis įsteigė Manmin Centrinę Bažnyčią Seule, Korėjoje ir nuo to laiko joje vyksta nesuskaičiuojami Dievo darbai – antgamtiški išgydymai ir stebuklai.

1986 m. Kasmetinės Korėjos Jėzaus Bažnyčios „Sungkiul" Asamblėjos metu dr. Li buvo išventintas pastoriumi, o 1990 m. – praėjus tik keturiems metams – jo pamokslai buvo transliuojami Australijoje, Rusijoje, Filipinuose ir daugelyje kitų šalių Tolimųjų Rytų Transliacijų Kompanijos, Azijos Transliacijų Stoties ir Vašingtono Krikščionių Radijo Sistemos dėka.

Po trijų metų, 1993, Manmin Centrinė Bažnyčia buvo išrinkta Amerikos žurnalo *„Christian World"* viena iš „50 Pasaulio Geriausių Bažnyčių", ir jis gavo teologijos garbės daktaro laipsnį Krikščionių Tikėjimo Koledže, Floridoje, JAV, o 1996 m. Teologijos seminarijos „Kingsway" (Ajova, JAV), tarnautojo daktaro laipsnį.

Nuo 1993 m. dr. Li tapo pasaulinių misijų lyderiu daugelyje užsienio evangelizacijų Tanzanijoje, Argentinoje, Los Andžele, Baltimorėje, Havajuose, Niujorke, Ugandoje, Japonijoje, Pakistane, Kenijoje, Filipinuose, Hondūre, Indijoje, Rusijoje, Vokietijoje, Peru, Kongo Demokratinėje Respublikoje, Izraelyje. 2002 m. Korėjos pagrindinių krikščioniškų laikraščių už savo veiklą įvairiose užsienio Didžiosiose Jungtinėse Evangelizacijose jis buvo pavadintas „pasaulinio masto pastoriumi".

2018 metų kovas mėnesio duomenimis, Manmin Centrinei Bažnyčiai priklauso daugiau negu 130 000 narių. Visame pasaulyje yra 11 000 dukterinių bažnyčių, įskaitant 56 vietos bažnyčias, daugiau negu 102 misionieriai buvo paskirti darbui 26 šalyse, įskaitant Jungtines Valstijas, Rusiją, Vokietiją, Kanadą, Japoniją, Kiniją, Prancūziją, Indiją, Keniją ir daug kitų šalių.

Iki šios knygos leidimo datos dr. Li yra parašęs 110 knygų, tarp jų bestseleriai: *Patirti Amžinąjį Gyvenimą Anksčiau už Mirtį, Žinia apie Kryžių, Tikėjimo Saikas, Dangus 1 dalis, Dangus 2 dalis, Pragaras, Mano Gyvenimas Mano Tikėjimas 1 dalis, Mano Gyvenimas Mano Tikėjimas 2 dalis,* ir *Dievo Jėga.* Jo darbai buvo išversti daugiau negu į 76 kalbas.

Jo krikščioniški straipsniai yra spausdinami šiuose leidiniuose: *„The Hankook Ilbo", „The JoongAng Daily", „The Chosun Ilbo", „The Dong-A Ilbo", „The Hankyoreh Shinmun", „The Seoul Shinmun", „The Kyunghyang Shinmun", „The Hankyoreh Shinmun", „The Korea Economic Daily", „The Shisa News",* ir *„The Christian Press".*

Šiuo metu Dr. Li yra daugelio misijų organizacijų ir asociacijų vadovas: Jėzaus Kristaus Jungtinė Šventumo Bažnyčia (pirmininkas), Pasaulinės Krikščionybės Prabudimų Misijos Asociacija (nuolatinis pirmininkas), Globalus Krikščionių Tinklas GCN (steigėjas ir tarybos pirmininkas), Pasaulio Krikščionių Gydytojų Tinklas WCDN (steigėjas ir tarybos pirmininkas), Tarptautinė Manmin Seminarija MIS (steigėjas ir tarybos pirmininkas).

Kitos vertingos to paties autoriaus knygos

Dangus I & II

Žavios gyvenimo aplinkos, kurioje gyvena Dangaus piliečiai, detalus aprašymas ir puikus skirtingų dangaus karalystės lygių pavaizdavimas.

Žinia apie Kryžių

Stiprus ir širdį žadinantis pamokslas visiems, kurie dvasiškai užmigo. Skaitydami šią knygą sužinosite, kodėl Jėzus yra mūsų vienintelis Išgelbėtojas ir patirsite tikrą Dievo meilę.

Pragaras

Nuoširdus pamokslas visiems žmonėms nuo paties Dievo, kuris nori, kad nei viena siela nepatektų į pragaro gelmes! Sužinosite apie visai Jums nepažįstamą pragaro gelmių realybę.

Dvasia, Siela ir Kūnas I & II

Dvasiškai suprate dvasią, sielą ir kūną, kurie yra sudedamosios žmonių dalys, skaitytojai galės pažvelgti į save ir suprasti žmonių gyvenimą. Ši knyga rodo skaitytojams, kaip tapti dieviškosios prigimties dalininkais ir gauti visus Dievo pažadėtus palaiminimus.

Tikėjimo Saikas

Kokia buveinė, karūna ir apdovanojimai laukia Jūsų Danguje? Ši knyga išmintingai ir kryptingai padės Jums nustatyti savo tikėjimo saiką ir išugdyti geriausią ir brandžiausią tikėjimą.

Pabusk, Izraeli

Kodėl Dievas nenuleidžia Savo akių nuo Izraelio nuo pat pasaulio pradžių iki šios dienos? Koks Jo planas yra paruoštas Izraeliui paskutinėmis dienomis, kai jie laukia Mesijo?

Mano Gyvenimas, Mano Tikėjimas I & II

Gardžiausias dvasinis aromatas, sklindantis iš gyvenimo, kuris žydėjo neprilygstama meile Dievui tamsių bangų, šalto jungo ir neapsakomos nevilties laikais.

Dievo Jėga

Šią knygą būtina perskaityti tiems, kurie ieško atsakymų į tai, kaip įgyti tikrą tikėjimą ir patirti stebuklų kupiną Dievo jėgą.

www.urimbooks.com

www.ingramcontent.com/pod-product-compliance
Lightning Source LLC
LaVergne TN
LVHW092048060526
838201LV00047B/1291